Collection **marabout service**

CHRISTIAN CHERDON

La grammaire facile du français

marabout

Sommaire

Avant-propos

Cet ouvrage est avant tout un outil de consultation. Il s'adresse à toutes celles et à tous ceux qui sont soucieux de vérifier un accord, une orthographe particulière, de résoudre des problèmes de conjugaison, d'emploi des temps ou des modes...

Il se voudrait aussi un instrument de réflexion. L'utilisateur intéressé rencontrera diverses propositions qui lui permettront d'approcher l'organisation de la phrase française et de ses différents groupes.

L'index avec l'abondance de ses rubriques, la table des matières et l'ensemble des exemples fournis doivent aider l'usager — qu'il s'agisse de quelqu'un qui apprend le français ou non — à trouver le renseignement qu'il cherche et à situer ce problème dans son cadre théorique. Partout, les introductions rappellent les notions de base indispensables. Les tableaux, suivis des remarques, fournissent des informations détaillées concernant les noms, les pronoms, les adjectifs, les verbes, les majuscules, la ponctuation… La terminologie utilisée est simple et connue ; et si, çà et là, elle semble avoir un air de nouveauté, c'est qu'elle répond aux recommandations récentes et à l'enseignement d'aujourd'hui.

Cette grammaire se veut au service de l'expression correcte. Il revient à chacun de parcourir ces pages selon ses besoins, de les feuilleter pour se créer de nouvelles habitudes, de les annoter pour qu'elles deviennent des lieux de rencontre pour une meilleure utilisation de la langue française.

LE NOM

Approche

Le nom est un mot qui peut être précédé d'un déterminant pour former avec lui un groupe nominal.

Le nom peut toujours être le centre d'un groupe sujet dans une phrase.

équipe, une équipe, une équipe nationale
victoire, une victoire, une grande victoire
Il a filmé l'équipe nationale.
L'équipe nationale a remporté la victoire.
La victoire a été facilement acquise.

Classement des noms

Le nom peut être constitué d'un ou de plusieurs éléments

Nom simple (un élément)
Anne, (un) appartement, (une) idée

Nom composé (plusieurs éléments)
Anne-Marie, (une) salle de bain, (un) timbre-poste (un) coup d'œil, (un) bonhomme, (des) grands-parents

Le nom est marqué par un genre

Nom masculin (peut être précédé d'un déterminant comme *le, mon, ce(t), quel, un,...*)
Le chemin, mon rêve, ce sport, quel mot, un ami

Nom féminin (peut être précédé d'un déterminant comme *la, ma, cette, quelle, une,...*)
La fête, ma lettre, cette chambre, quelle télévision, une óquorro.

Le nom est marqué en nombre

Nom singulier (désigne un seul élément ou un seul ensemble)

Un train, une famille, la neige, ce groupe

Nom pluriel (désigne plusieurs éléments ou plusieurs ensembles)

Des trains, des familles, des gens, les défauts

Le nom présente aussi d'autres caractéristiques

Nom commun	*pierre, justice, parapluie*
propre	*Europe, Pierre, Bernadette*
animé	*Anne, chat, architecte*
inanimé	*chaise, village, arbre*
humain	*fille, garçon*
non humain	*douleur, chien, rose*
abstrait	*chagrin, amitié, choix*
concret	*prairie, foulard, gomme*
comptable	*chaise, livre, moteur*
non comptable	*solitude, peur, beurre*
individuel	*table, recherche, homme*
collectif	*population, troupeau, bouquet*

beauté (nom commun, inanimé, non humain, abstrait, non comptable, individuel,...)

Jean (nom propre, animé, humain, concret, comptable, individuel,...)

Genre des noms

Pour connaître le genre d'un nom, consulter un dictionnaire.

Le masculin et le féminin des noms

1. Pour certains **noms de personnes**, qui n'ont qu'une forme pour le masculin et pour le féminin, l'emploi d'un déterminant masculin ou féminin annonce le genre.
   un/une artiste
   un/une enfant
   le/la locataire
2. Pour certains **noms de professions**, qui n'ont qu'une forme pour le masculin et pour le féminin, l'emploi de *une femme* ou de *madame* indique le genre féminin.
   une femme écrivain
   une femme peintre
   Madame le Professeur
   l'auteure (au Québec)
3. Pour certains **noms d'animaux**, qui n'ont qu'une forme pour le masculin et pour le féminin, l'emploi de *mâle* ou *femelle* indique le genre masculin ou féminin.
   un éléphant mâle
   un éléphant femelle
   une souris mâle
4. Les **noms de villes** précédés d'un déterminant sont du genre indiqué par ce déterminant.
   Le Havre
   La Louvière

Les noms de ville terminés par **-e**, ou par **-es** peuvent être considérés comme féminins.

Lisbonne est belle

Mais tous les noms de ville peuvent être considérés comme masculins.

Le vieux Bruxelles
Paris assiégé

5. Les **noms de bateaux** qui reprennent un nom de personne masculin sont masculins ; ceux qui reprennent un nom de personne féminin sont féminins.

la Marie-Jeanne
le Richelieu

Dans les autres cas, ils sont généralement masculins. (On considère parfois qu'ils sont masculins ou féminins selon le type de bateau qu'ils représentent : un paquebot, une frégate,...).

le Flandre
le France (paquebot)
la Jeanne d'Arc (frégate)

6. Les **noms des lettres de l'alphabet** sont masculins.

un A

Les noms des consonnes qui commencent par une voyelle peuvent être considérés comme féminins.

un P
*un S (*ou *une S* - « esse »*)*

7. Pour certains noms, le genre n'est pas bien fixé.

un ou *une après-midi*
un ou *une perce-neige*
un ou *une thermos*

Remarque

Le nom *gens* est masculin, mais l'adjectif qui précède doit toujours être terminé par *-es*.

Ces vieilles gens (sont partis).

Noms à double genre

Quelques noms changent de sens en changeant de genre.

un aide **:** homme qui aide	***une aide*** **:** femme qui aide ; secours
un aigle **:** oiseau de proie	***une aigle*** **:** étendard ; femelle de l'aigle
amour, délice, orgue (masculin au singulier) (*amours* peut être masculin au pluriel ; obligatoirement en art)	***amours, délices, orgues*** (féminin au pluriel)
autre chose, quelque chose, *grand-chose*	***une chose***
un couple **:** ensemble de deux éléments	***une couple*** **:** quelques-un(e)s
un critique **:** celui qui fait la critique	***une critique*** **:** jugement
un enseigne **:** officier porte-drapeau	***une enseigne*** **:** panneau servant à reconnaître une maison de commerce
un faune **:** dieu champêtre	***une faune*** **:** ensemble des animaux d'une région déterminée
un faux **:** contraire du vrai	***une faux*** **:** instrument pour couper l'herbe
un finale **(ou *un final, des finals*) :** morceau qui termine une œuvre musicale	***une finale*** **:** dernière syllabe ou lettre d'un mot ; dernière épreuve
un foudre **:** grand tonneau, capitaine remarquable	***la foudre*** **:** feu du ciel
un garde **:** homme qui garde	***une garde*** **:** objet ; action de garder ; ensemble des gardes

un greffe : lieu où l'on garde les minutes des dépositions, des jugements

une greffe : partie de plante ou d'organe qu'on implante

un guide : personne, livre qui donne des renseignements

des guides : (f. pl.), lanières de cuir qui servent à diriger un cheval

un hymne : chant

une hymne : poème religieux

un livre : ouvrage qu'on lit

une livre : poids variant entre 400 et 500 grammes ; monnaie anglaise

un manche : partie par laquelle on tient un objet

une manche : partie de vêtement qui couvre le bras

un manœuvre : aide-maçon

une manœuvre : action de mettre (un appareil) en marche, de surprendre l'ennemi

un mémoire : exposé ecrit

une mémoire : faculté de retenir

un mode : de conjugaison ; de pensée

une mode : manière, usage passager

un moule : objet qui sert à mouler, à former

une moule : mollusque comestible

un mousse : jeune marin

une mousse : plante ; écume ; entremets

un œuvre : tout ce qu'un artiste a produit

une œuvre : travail ou son résultat

un page : jeune homme à la cour du roi

une page : feuille de papier (imprimée, écrite, etc.)

Pâques : (m. s.) fête chrétienne (indique le jour) - *Pâques est tombé tôt, vacances de Pâques, œufs de Pâques.*

Pâques : (f. pl).) fête chrétienne (rappelle la résurrection de Jésus-Christ) - *Pâques fleuries, Joyeuses Pâques, faire ses Pâques*

la Pâque : (f. s.), fête juive et russe

un parallèle : cercle parallèle à l'Équateur ; une comparaison

une parallèle : ligne parallèle

un pendule : objet oscillant

une pendule : horloge d'intérieur

personne (pronom masc.)

une personne (nom fém.)

un physique : aspect extérieur

la physique : science et étude des propriétés des corps et des lois de leurs modifications

un platine : métal précieux

une platine : plaque plate en métal

un poêle : appareil de chauffage

une poêle : outil de cuisine dans lequel on frit les aliments

un poste : lieu gardé ; fonction

une poste : organisation pour le transport des lettres

un solde : différence entre débit et crédit d'un compte ; marchandise vendue à des prix diminués

une solde : rémunération d'un soldat

un somme : sommeil

une somme : ensemble, montant, résultat d'addition

un tour : circuit, trait d'adresse, mouvement circulaire (machine)

une tour : monument étroit et très haut

un trompette : celui qui joue de la trompette

une trompette : instrument de musique

un vapeur : bateau à vapeur

une vapeur : exhalation humide

un vase : objet d'ornement

une vase : boue

un voile : tissu léger qui couvre

une voile : tissu solide attaché au mât

Formation du féminin des noms

Règle générale :

Pour former le féminin d'un nom on ajoute **e** au nom masculin, si celui-ci n'a pas de **e** final.

Un candidat, une candidate.
Un touriste, une touriste.

Noms terminés par ***masc.***	***fém.***	***Exemples***	***Remarques***
-er	**-ère**	*un infirmier, une infirmière*	
-c	**-que**	*un Turc, une Turque* *Frédéric, Frédérique*	*un Grec, une Grecque*
-f	**-ve**	*un veuf, une veuve*	
-x	**-se**	*un époux, une épouse*	*un roux, une rousse*
-eau	**-elle**	*un jumeau, une jumelle*	
-el	**-elle**	*Marcel, Marcelle*	
-et	**-ette**	*un muet, une muette*	*un préfet, une préfète*
			On ajoute ici : *un chat, une chatte* *un linot, une linotte* *un sot, une sotte*

Noms terminés par		Exemples	Remarques
masc.	**fém.**		
-en, **-on**	**-enne,** **-onne**	*un gardien,* *une gardienne* *un lion,* *une lionne*	*un Lapon,* *une Lapone (Laponne)* *un Nippon,* *une Nippone (Nipponne)* *Simon,* *Simone* *un mormon,* *une mormone*
			On ajoute ici : *Jean,* *Jeanne* *un paysan,* *une paysanne*
-eur	**-euse**	(si le nom correspond à un verbe) *un vendeur,* *une vendeuse* *un menteur,* *une menteuse*	Quelques noms ont le féminin en **-eresse** : (en justice) (1) *un bailleur,* *une bailleresse* *un défendeur,* *une défenderesse* *un demandeur,* *une demanderesse* *un vendeur,* *une venderesse* *un pécheur,* *un pécheresse* *un vengeur,* *une vengeresse* (en art) *un chasseur,* *une chasseresse*
			Quelques noms ont des féminins particuliers : *un ambassadeur,* *une ambassadrice* *un empereur,* *une impératrice*

1. *un bailleur*, qui prête de l'argent
un défendeur, qui se défend dans un procès
un demandeur, qui intente un procès
un vendeur, qui a vendu quelque chose

Noms terminés par masc.	fém.	*Exemples*	*Remarques*
			un gouverneur, une gouvernante *un serviteur, une servante* *un inférieur, une inférieure* *un mineur, une mineure* *un supérieur, une supérieure*
-teur	**-trice**	(si le nom ne correspond pas à un verbe) *un spectateur, une spectatrice*	Pour quelques noms correspondant à un verbe, on écrit : *un animateur, une animatrice* *un inspecteur, une inspectrice* *un persécuteur, une persécutrice* *un débiteur, une débitrice* *un enchanteur, une enchanteresse* *un chanteur, une chanteuse ou une cantatrice*

Quelques noms terminés en **e** au masculin forment le féminin en **esse** :

un âne, une ânesse
un chanoine, une chanoinesse
un comte, une comtesse
un diable, une diablesse
un drôle, une drôlesse
un hôte, une hôtesse
un maître, une maîtresse
un mulâtre, une mulâtresse
un nègre, une négresse

un ogre, une ogresse
un pauvre, une pauvresse
un poète, une poétesse
un prêtre, une prêtresse
un prince, une princesse
un prophète, une prophétesse
un tigre, une tigresse
un traître, une traîtresse
un vicomte, une vicomtesse

On écrit : *Madame X, docteur en droit.*
Doctoresse n'est utilisé que pour nommer une femme docteur en médecine.

Remarques

1) Pour former le féminin de certains noms, on utilise des radicaux différents.

un bélier, une brebis
un bouc, une chèvre
un cerf, une biche
un compère, une commère
un confrère, une consœur
un coq, une poule
un étalon, une jument
un frère, une sœur
un garçon, une fille
un gendre, une bru
un homme, une femme
un jars, une oie
un lièvre, une hase
un mâle, une femelle
un mari, une femme
un matou, une chatte
un monsieur, une dame
un oncle, une tante
un papa, une maman
un parrain, une marraine
un père, une mère
un sanglier, une laie
un singe, une guenon
un taureau, une vache (génisse)
un verrat, une truie

2) Pour former le féminin de certains noms, on utilise les mêmes radicaux.

un canard, une cane
un chevreuil, une chevrette
un compagnon, une compagne
un copain, une copine
un daim, une daine
un dieu, une déesse

un duc, une duchesse
un favori, une favorite
un fils, une fille
un héros, une héroïne
un lévrier, une levrette
un loup, une louve
un merle, une merlette
un métis, une métisse
un mulet, une mule

un rigolo, une rigolote
un roi, une reine

un tsar, une tsarine
un vieillard, une vieille

3) Il est parfois plus facile de partir du nom féminin pour connaître l'orthographe du nom masculin.

Une candidate, un candidat.
Une Française, un Français.

Nombre des noms

Le singulier et le pluriel des noms

1. Certains noms ne s'emploient qu'au **singulier**.

- **noms d'éléments et de matières**
  l'air, l'or, l'argent
- **noms d'art et de sciences**
  la peinture, la géométrie, la médecine
- **noms abstraits** (qualités, vertus, états physiques ou moraux)
  la gentillesse, la douceur, la fatigue, la joie
- **noms des points cardinaux**
  le nord, l'est, le sud, l'ouest
- **noms des sens**
  le goût, l'odorat, la vue, l'ouïe, le toucher
- **infinitifs et adjectifs employés comme noms**
  le manger, le beau

2. Certains noms ne s'emploient qu'au **pluriel**.

- **noms de lieux géographiques**
  les Etats-Unis, les Antilles
- **noms désignant des ensembles**
  les alentours, les archives, les bestiaux, les décombres, les environs, les frais, les victuailles, les ténèbres, les gens
- **autres séries de noms** (circonstances de la vie)
  les fastes, les fiançailles, les funérailles, les mœurs, les obsèques

3. Les **noms propres** ne prennent généralement pas la marque du pluriel

les deux Dupont, les Renault

Les noms propres qui désignent certaines familles illustres ou ceux qui désignent des modèles, des œuvres d'art prennent généralement la marque du pluriel

les Tudors, tous les Cicérons, deux Picassos

Certains noms propres sont habituellement employés au pluriel pour désigner des noms de peuples ou des noms géographiques.

les Belges, les Hindous, les Indes, les Ardennes

4. Les **noms étrangers** (allemands, anglais, italiens, latins,...) prennent souvent la marque du pluriel français.

un agenda, des agendas
un album, des albums
un concerto, des concertos
un dahlia, des dahlias
un derby, des derbys
un mark, des marks
un maximum, des maximums
un mémento, des mémentos
un minimum, des minimums
un quiproquo, des quiproquos
un recto, des rectos
un sanatorium, des sanatoriums
un scénario, des scénarios
un verso, des versos
un visa, des visas...

mais

un andante, des andante
un credo, des credo
un erratum, des errata
un flash, des flashes
un gentleman, des gentlemen
une lady, des ladies
un leitmotiv, des leitmotive (ou *leitmotivs*, ou *leitmotifs*)
un match, des matches (ou *matchs*)
un sandwich, des sandwiches (ou *sandwichs*)
un veto, des veto
un whisky, des whiskies

5. Les noms des **lettres**, des **chiffres** (sauf *zéro, millier, million, milliard* qui sont des noms), des **notes de musique** ne prennent pas la marque du pluriel.

deux C, trois sept (quatre zéros), deux mi

6. Les **mots employés comme noms** ne prennent pas la marque du pluriel, sauf s'il s'agit d'adjectifs ou de verbes à l'infinitif devenus des noms.

des pourquoi, des tu, les grands, des rires, selon leurs dires

Noms à double nombre

Certains noms changent de sens selon qu'on les emploie au singulier ou au pluriel.

une assise : base d'un mur	***les assises*** : session d'une cour criminelle, d'un congrès
la bouche : partie du visage	***les bouches*** : dernière partie d'un fleuve qui se jette dans la mer
le cheveu : un seul cheveu	***les cheveux*** : la chevelure
la cisaille : menues parties de métal qui restent après les découpures	***les cisailles*** : outil d'un couturier
l'échec : résultat malheureux d'une entreprise	***les échecs*** : jeu de société
le gage : garantie donnée, par exemple lors d'un emprunt	***les gages*** : rémunération donnée aux domestiques
la lettre : communication écrite	***les lettres*** : la littérature
la lunette : appareil à plusieurs verres superposés permettant de voir au loin	***les lunettes*** : deux verres montés de façon à pouvoir les porter devant les yeux
l'ouïe : sens	***les ouïes*** : ouvertures dans les côtés de la tête des poissons
le parent : personne de la famille	***les parents*** : père et mère ; membres de la famille
la toilette : soins de propreté ; habillement	***les toilettes*** : W.-C.
la vacance : place, emploi disponible	***les vacances*** : temps de loisir, de repos

Certains noms ont deux pluriels, avec des sens différents.

- ***un aïeul***	***les aïeuls*** (les grands-parents) ***les aïeux*** (les ancêtres)
- ***un ciel***	***les ciels*** (de lit, de tableaux, de Provence : ornements, peintures, climat) ***les cieux*** (séjour des dieux)
- ***un œil***	***les yeux*** (la vue) ***les œils-de-chat*** (pierre) ***les œils-de-bœuf*** (fenêtre) ***les œils-de-perdrix*** (cors au pied)
- ***un travail***	***des travails*** (instrument pour immobiliser les chevaux à ferrer) ***des travaux*** (activité)

Formation du pluriel des noms communs simples

Règle générale

Pour former le pluriel d'un nom, on ajoute généralement **s** au nom singulier, si celui-ci n'a pas de **s** final.

Le candidat, les candidats.
Le bois, les bois.
Un cours, des cours.

Noms terminés par		**Exemples**	**Remarques**
sing.	***plur.***		
-x, -z	**-x, -z**	*un prix,* *des prix* *le gaz,* *les gaz*	
-au, -eu	**-aux,** **-eux**	*un tuyau,* *des tuyaux* *le feu,* *les feux*	Quatre noms prennent **-s** *un landau, des landaus* *un sarrau, des sarraus* *un bleu, des bleus* *un pneu, des pneus*
-al	**-aux**	*un canal,* *des canaux* *le journal,* *des journaux*	Quelques noms en **-al** prennent **-s** : *un bal, des bals* *un cal, des cals* *un carnaval, des carnavals* *un cérémonial, des cérémonials* *un chacal, des chacals* *un choral, des chorals* *un festival, des festivals* *un récital, des récitals* *un régal, des régals* *un trial, des trials* *un val, des vals* (mais on écrit : *par monts et par vaux)*

Noms terminés par *sing.*	*plur.*	**Exemples**	**Remarques**
-ail	**-aux**	*un bail, des baux* *un corail, des coraux* *un émail, des émaux* *un fermail, des fermaux* *un soupirail, des soupiraux* *un travail, des travaux* *un vantail, des vantaux* *un vitrail, des vitraux*	Les autres noms en **-ail** prennent **-s** : *un détail, des détails* *un éventail, des éventails* *des émails* (des enduits pour peindre) *des travails* (instruments pour immobiliser les chevaux à ferrer) mais *des ails* (ou *des aulx*) *du bétail, des bestiaux*
-ou	**-ous**	*un clou, des clous* *le voyou, les voyous*	Sept noms prennent **-x** : *un bijou, des bijoux* *un caillou, des cailloux* *un chou, des choux* *un genou, des genoux* *un hibou, des hiboux* *un joujou, des joujoux* *un pou, des poux*

Formation du pluriel des noms communs composés

Les noms et les adjectifs qui composent le nom prennent seuls la marque du pluriel.
Les pronoms, les verbes, les adverbes, les mots de liaison qui composent le nom ne prennent pas la marque du pluriel.

Un coffre-fort, des coffres-forts.
Une reine-claude, des reines-claudes.
Un on-dit, des on-dit.

Composition	***Exemples***	***Remarques***
nom + nom	*un chou-fleur, des choux-fleurs* *un médecin-chef, des médecins-chefs* *un chef-lieu, des chefs-lieux*	Si un nom complète un autre (avec ou sans préposition), celui-ci ne prend pas la marque du pluriel. *des appuis-tête* *des arcs-en-ciel* *des bains-marie* *des chefs-d'œuvre* *des clins d'œil* (ou *des clins d'yeux)* *des pauses-café* *des timbres-poste* Invariables : *des bernard-l'ermite* *des pot-au-feu* *des tête-à-tête* *des Coca-Cola*
nom + adjectif **adjectif + nom**	*un amour-propre, des amours-propres* *une basse-cour, des basses-cours* *un grand-père, des grands-pères*	Les éléments terminés par **-i** ou par **-o**, qui précèdent le nom, ne prennent pas la marque du pluriel. *des demi-places* *des vidéo-cassettes* On écrit : *des long-courriers* *des petits-beurre* *des terre-pleins* *des pur-sang*

Composition	*Exemples*	*Remarques*
adjectif + adjectif	*un dernier-né, des derniers-nés* *un sourd-muet, des sourds-muets*	On écrit cependant : *les nouveau-nés*
adverbe ou préposition + nom	*un non-lieu, des non-lieux* *un avant-projet, des avant-projets*	On écrit : *des après-midi(s)* *des à-côté(s)* *des en-tête(s)*
verbe + nom (compl. dir.)	*un couvre-lit, des couvre-lits* *un pèse-lettre, des pèse-lettres* *un porte-mine, des porte-mine(s)* *un essuie-main(s), des essuie-main(s)*	Le verbe est invariable ; le nom complément direct prend la marque du pluriel (si le sens le permet) Il est utile de consulter le dictionnaire. On écrit : *un compte-gouttes, des compte-gouttes* *un porte-clefs (clés), des porte-clefs (clés)* *un chasse-neige, des chasse-neige*
	un garde-chasse, des garde-chasses *un garde-boue, des garde-boues*	**Garde** est de plus en plus considéré comme invariable si le nom composé contient un trait d'union. Traditionnellement, dans les noms composés avec **garde**, celui-ci prend la marque du pluriel si le nom est animé : *des gardes champêtres* *des gardes-chasses* **Garde** est invariable si le nom est inanimé *des garde-robes* *des garde-fous*

Composition	*Exemples*	*Remarques*
verbe + ...	*un passe-partout, des passe-partout* *un pince-sans-rire, des pince-sans-rire* *un ouï-dire, des ouï-dire* *un qu'en dira-t-on, des qu'en dira-t-on*	Quand le deuxième élément est un complément prépositionnel, un verbe, un adverbe,... tous les éléments du nom composé sont invariables.
un seul mot	*un portefeuille, des portefeuilles*	Certains noms composés écrits en un seul mot prennent encore la marque du pluriel pour chacun des éléments. *un bonhomme, des bonshommes* *un gentilhomme, des gentilshommes* *madame, mesdames* *mademoiselle, mesdemoiselles* *monseigneur, messeigneurs* *monsieur, messieurs*
mots étrangers	*un post-scriptum, des post-scriptum*	On écrit cependant : *un cow-boy, des cow-boys* *un pull-over, des pull-overs* *un self-service, des self-services* *un week-end, des week-ends*

Remarques

1) Dans les noms composés avec **auto** (mis pour *automobile* ou signifiant *soi-même*), **auto** est invariable.

Des auto-écoles.
Des auto-infections

2) Dans les noms composés avec un des points cardinaux, ce dernier est invariable.

Des Nord-Africains.

3) Les noms composés de couleur sont invariables.

Des (tentures) tête-de-nègre.

4) Dans les noms féminins composés avec ***grand,*** ce dernier est traditionnellement invariable ; aujourd'hui, *grand* prend souvent la marque du pluriel.

Des grand-routes ou *des grands-routes*
Des grand-mères ou *des grands-mères.*

L'ADJECTIF

Approche

L'**adjectif** est un mot qui a la faculté d'accompagner un nom déterminé et de constituer avec lui un groupe nominal.

*L'équipe **nationale**.*
*La **nouvelle** équipe.*

Classement des adjectifs

A. L'adjectif peut être constitué d'un ou de plusieurs éléments.

L'adjectif simple (un élément)

bleu,
extraordinaire,
solide,
vrai

L'adjectif composé (plusieurs éléments)

bleu roi,
jaune pâle,
sous-entendu

B. L'adjectif peut être marqué **en genre** et **en nombre :** masculin singulier, masculin pluriel, féminin singulier, féminin pluriel :
petit, petits, petite, petites

Genre des adjectifs

Le masculin et le féminin des adjectifs

1. Certains adjectifs ne s'emploient qu'au **masculin.**
   un nez aquilin, un garçon benêt, un pied bot, un vent coulis, des yeux pers, un cheval rubican, un marais salant, un hareng saur, du papier velin

2. Certains adjectifs ne s'emploient qu'au **féminin.**
   la bouche bée, la porte cochère, la soie grège, la veine porte, une jument poulinière, une vertu théologale, une rose trémière

3. Certains adjectifs n'ont qu'**une forme** pour le masculin et pour le féminin :
   - les adjectifs terminés par **-e**
     un garçon timide, une fille timide (mais : *maître, maîtresse ; traître, traîtresse)*
   - d'autres adjectifs
     angora, chic, grenat, kaki, rococo, snob, standard, tabou, vermillon

Formation du féminin des adjectifs

Règle générale

Pour former le féminin d'un adjectif, on ajoute **e** à l'adjectif masculin, si celui-ci n'a pas de **e** final.

Un grand terrain, une grande prairie.
Un enfant aimable, une personne aimable.

Adjectifs		**Exemples**	**Remarques**
masc.	***fém.***		
-er	**-ère**	*léger, légère*	
-el **-eil**	**-elle,** **-eille**	*mortel, mortelle* *vermeil, vermeille*	
			On ajoute ici : *gentil, gentille* *nul, nulle*
-et	**-ette**	*muet, muette* *cadet, cadette*	*concret, concrète* *désuet, désuète* *(in)complet, (in)complète* *(in)discret, (in)discrète* *(in)quiet, (in)quiète* *replet, replète* *secret, secrète*
			On ajoute ici : *boulot, boulotte* *pâlot, pâlotte* *sot, sotte* *vieillot, vieillotte*
-en, **-on**	**-enne,** **-onne**	*moyen, moyenne* *bon, bonne*	*lapon, lapone* (ou *laponne*) *letton, lettone* (ou *lettonne*) *nippon, nippone* (ou *nipponne*)
			On ajoute ici : *paysan, paysanne*

Adjectifs		**Exemples**	**Remarques**
masc.	*fém.*		
-c	**-che**	*blanc, blanche* *franc, franche*	*sec, sèche*
	-que	*ammoniac, ammoniaque* *caduc, caduque* *franc, franque* *public, publique* *turc, turque*	*grec, grecque*
-g	**-gue**	*long, longue*	
-f	**-ve**	*neuf, neuve* *naïf, naïve*	*bref, brève*
-s	**-se**	*gris, grise* *anglais, anglaise*	Sauf : *bas, basse* *épais, épaisse* *exprès, expresse* *gras, grasse* *gros, grosse* *métis, métisse*
-x	**-se**	*heureux, heureuse*	Sauf : *doux, douce* *faux, fausse* *roux, rousse* *vieux, vieille*
-eur	**-euse**	(si l'adjectif correspond à un verbe) *trompeur, trompeuse*	Pour quelques adjectifs ne correspondant pas à un verbe, on écrit : *antérieur, antérieure* *extérieur, extérieure* *intérieur, intérieure* *inférieur, inférieure* *majeur, majeure* *mineur, mineure* *meilleur, meilleure* *supérieur, supérieure*

Adjectifs *masc.*	*fém.*	**Exemples**	**Remarques**
-teur	**-trice**	(si l'adjectif ne correspond pas à un verbe) *créateur, créatrice*	Pour quelques adjectifs correspondant à un verbe, on écrit : *exécuteur, exécutrice* *persécuteur, persécutrice* *enchanteur, enchanteresse* *vengeur, vengeresse*

Remarques

1) Certains adjectifs ont des formes féminines particulières :

a) *beau (bel), belle*
fou (fol), folle
mou (mol), molle
nouveau (nouvel), nouvelle
vainqueur (victorieux), victorieuse
vieux (vieil), vieille

b) *aigu, aiguë*
andalou, andalouse
bénin, bénigne
coi, coite
esquimau, esquimaude
favori, favorite
frais, fraîche
hébreu, hébraïque
jumeau, jumelle
malin, maligne
oblong, oblongue
rigolo, rigolote
tiers, tierce

2) Il est parfois plus facile de partir de l'adjectif féminin pour connaître l'orthographe de l'adjectif masculin.
Une marche lente. Un pas lent.

Nombre des adjectifs

L'adjectif porte les marques du singulier et du pluriel.
Un grand appartement. De grands immeubles.

Formation du pluriel des adjectifs

Règle générale

Pour écrire le pluriel d'un adjectif, on ajoute généralement **s** à l'adjectif singulier, si celui-ci n'a pas de **s** ou de **x** final.

Un train complet, des trains complets.
Une petite machine, des petites machines.
Un légume frais, des légumes frais.
Un enfant heureux, des enfants heureux.

Adjectifs *sing.*	*plur.*	***Exemples***	***Remarques***
-al	***-aux***	*un organe vital, des organes vitaux* *un train spécial, des trains spéciaux*	*banal, banals (banaux,* en terme de féodalité*)* *bancal, bancals* *fatal, fatals* *final, finals (ou finaux)* *glacial, glacials* *natal, natals* *naval, navals*
angora, chic, échec, mat, ocre, rococo, snob, standard, tabou,		*un mur ocre des murs ocre* *elle est chic elles sont chics*	*invariable*

Remarques

1) Quatre adjectifs s'écrivent avec **-x** au masculin pluriel :

beau, beaux
hébreu, hébreux
jumeau, jumeaux
nouveau, nouveaux

2) L'adjectif *impromptu* est normalement invariable, mais aujourd'hui il varie souvent.

Des visites impromptu(es).

Accord des adjectifs

L'adjectif s'accorde en **genre** et en **nombre** avec le nom ou le pronom qu'il accompagne.

Des moteurs ***puissants****.*
De ***grandes*** *maisons.*
Elles sont ***étroites****.*

Un nom et un adjectif

adjectifs de couleur

— variable en genre et en nombre
des couvertures bleues

— invariable : *auburn*
des cheveux auburn

— peut être invariable : *châtain(e)*
une chevelure châtain(e)

— invariable lorsque c'est un nom (ex. : *carmin, cerise, grenat, marron, noisette, ocre, olive, orange, paille, ... vermillon*)
des chemises kaki
des foulards orange

Remarque : *écarlate, fauve, mauve, pourpre, rose* sont employés comme adjectifs et varient
des sandales mauves

feu

— invariable, placé avant le déterminant et le nom
feu mes tantes

— variable en genre et en nombre, placé entre le déterminant et le nom
mes feues tantes

grand

— invariable traditionnellement dans les noms féminins composés ; aujourd'hui, **grand** prend souvent la marque du pluriel.
des grand(s)-routes
des arrière-grand(s)-mères

— invariable dans **grand-ducal**
des familles grand-ducales

— variable en genre et en nombre dans les autres cas
des grands-parents

demi, mi, semi, nu

— invariable avant un adjectif (mais suivi d'un trait d'union)
des machines semi-automatiques

— invariable avant un nom (mais suivi d'un trait d'union)
une demi-heure, des demi-finales, à demi-mot,
des semi-remorques, la mi-août, être nu-pieds

Remarques : on écrit : *les nus-propriétaires*
Dans les noms composés avec **nu**, si **nu** (désignant des parties du corps) précède le nom, **nu** est invariable

— variable après un nom
frapper à main nue

Remarque : demi, après un nom, ne varie qu'en genre
trois heures et demie

à demi : invariable (mais non suivi d'un trait d'union)

une armoire à demi remplie
des hommes à demi morts
des enfants à demi nus

plein : invariable, placé avant le déterminant et le nom (si plein est utilisé comme préposition)

des pièces plein les poches

Remarque : *des poches pleines d'argent*

possible

— invariable, précédé de **le plus, le moins**
le plus de points possible

— variable en genre et en nombre dans les autres cas
tous les emplois possibles

des mieux, des moins, des plus + adjectif : variable en genre (accord avec le nom), en nombre (souvent au pluriel)

Cette danse est des plus jolies

adjectif employé comme adverbe : invariable

haut les mains !
ces fleurs sentent bon
elles voient clair

Un nom et un adjectif composé

adjectif + adjectif

variable en genre et en nombre

des filles sourdes-muettes

Remarque : *bon, frais, grand, large* ne sont pas suivis d'un trait d'union

des fenêtres grandes ouvertes

adjectif en i ou en o + adjectif : les éléments terminés par **-i** ou par **-o**, qui précèdent l'adjectif, ne prennent pas les marques de genre et de nombre

des histoires tragi-comiques
des sections électro-mécaniques
des villes gallo-romaines

nouveau-, premier, dernier + adjectif

— les deux adjectifs varient en genre et en nombre
les spectateurs premiers arrivés

— on écrit *des enfants nouveau-nés* (nouvellement nés)

adverbe ou préposition + adjectif

— seul l'adjectif varie en genre et en nombre
des paroles sous-entendues

Remarque : dans **tout-puissant**, *tout* ne varie qu'au féminin

des directeurs tout-puissants
des sociétés toutes-puissantes

adjectifs de couleur

— adjectif + adjectif : invariable
des tentures bleu clair
des murs blanc cassé

— adjectif + nom : invariable
des robes rouge cerise
des tapis vert bouteille

— adjectif + préposition + nom : invariable
des vestes jaune de miel

— adjectif + et + adjectif : variable ou invariable (selon le sens)
des tapisseries vertes et blanches
la collection vert et blanc

Plusieurs noms et un ou plusieurs adjectifs

Plusieurs noms de même genre

— pluriel (accord en genre avec les noms)
un cahier et un livre nouveaux
la langue et la littérature françaises

Remarque : l'adjectif peut n'accompagner que le dernier nom
le père et le frère aîné

Plusieurs noms de genre différents : adjectif au masculin pluriel
une revue et un film récents

Noms coordonnés par ou

— adjectif au pluriel (si on additionne les éléments) et accord en genre
le père ou la mère inquiets

— accord avec le dernier nom (si on exclut un élément)
le savoir ou la science nouvelle

Noms coordonnés par ainsi que, avec, comme,...

— adjectif au pluriel (si on additionne les éléments) et accord en genre
une jupe ainsi qu'une veste légères

— accord avec le premier nom (si on n'additionne pas les éléments)
Didier, comme sa sœur, attentif aux détails

Noms synonymes, en gradation ou résumés par un mot : accord avec le dernier élément
la difficulté, l'épreuve antérieure

Degrés des adjectifs

Les ***degrés*** indiquent une intensité inférieure, égale ou supérieure, et l'intensité la moins grande, la plus grande ou l'intensité extrême.

Le ***positif*** indique sans comparer.

Comparatif (suivi de *que*)

Pour indiquer un degré inférieur, égal ou supérieur, on emploie le comparatif suivi de *que* :

- **comparatif d'infériorité**
  Elle est moins grande (que sa mère).
- **comparatif d'égalité**
  Elle est aussi rouge (qu'elle).
- **comparatif de supériorité**
  Elle est plus rapide (que lui).

Superlatif

Pour indiquer le degré le moins grand, le plus grand ou le degré extrême, on emploie le superlatif :

- **superlatif relatif d'infériorité**
  Elle est la moins grande.
- **superlatif relatif de supériorité**
  Elle est la plus rapide.
- **superlatif absolu**
  Il est très gentil.

Remarques

1) Certains adjectifs n'ont pas de degré
aîné, dernier,...
carré, circulaire,...

2) Il existe des comparatifs et des superlatifs propres pour

bon,	*meilleur,*	*le meilleur*
mauvais,	*pire,*	*le pire*
	plus mauvais,	*le plus mauvais*
petit,	*moindre,*	*le moindre*
	plus petit,	*le plus petit*

3) Dans **le plus, le** varie en genre et en nombre si on peut établir une comparaison. On pourrait alors ajouter *de tous, de toutes.*
Elle est la plus grande (de toutes).
C'est là qu'elle est le plus préoccupée. (elle est particulièrement préoccupée).

4) Le superlatif absolu peut aussi s'indiquer
- avec un préfixe : *archi-, extra-, super-, sur-,...*
  Le spectacle est superchic.
- avec un suffixe : *-issime*
  Une décoration richissime.

Place des adjectifs

Le plus souvent, l'adjectif suit le nom

un ami personnel
une usine abandonnée
des enfants reconnaissants
une personne avide de savoir
une tenture verte et blanche

Parfois, l'adjectif précède le nom

1. si l'on veut insister
une immense boîte

2. si l'adjectif indique une appréciation subjective
une magnifique maison

3. si l'adjectif est plus court que le nom
un gros dictionnaire

Remarque

Quelques adjectifs changent de sens selon qu'ils sont devant ou derrière le nom.

une certaine audace (quelconque)	*une audace certaine* (indiscutable)
un curieux personnage (étrange)	*un personnage curieux* (indiscret)
la dernière année (terminale)	*l'année derrière* (précédente)
un grand homme (important)	*un homme grand* (élancé)
un honnête homme (distingué)	*un homme honnête* (incorruptible)
un pauvre homme (pitoyable)	*un homme pauvre* (misérable)
mon propre travail (personnel)	*un travail propre* (convenable)
une seule femme (unique)	*une femme seule* (solitaire)
une triste affaire (déplorable)	*une affaire triste* (malheureuse)

LE DÉTERMINANT

Approche

Le déterminant est un mot qui, placé devant le nom, reçoit généralement de celui-ci les marques de genre et de nombre et forme avec lui un groupe nominal.

La mémoire.
Les ordinateurs.
Des équipes.
La mémoire volontaire.
Leurs nouveaux ordinateurs.

Classement des déterminants

Articles

	Article défini	*Article indéfini*
Pour un nom singulier	***Série Le***	***Série Un***
Masculin	*le, au* (à + le) , *du* (de + le)	*un*
Féminin	*la*	*une*
Masculin ou féminin, devant un mot commençant par une voyelle ou un muet	*l'*	
Pour un nom pluriel		
Masculin ou féminin	*les, aux* (à + les), *des* (de + les)	*des (de)*

Remarques

1) **Au, aux, du, des** combinent les prépositions **à** ou **de** et les articles **le** ou **les**. Ces articles définis sont appelés **contractés.**
   Il va au marché.

2) **Du, de la, de l', des** indiquent qu'il s'agit d'une partie et non d'un tout. Ces articles sont appelés **partitifs**.
   Acheter du pain, de la viande et des légumes.

   Ces formes sont à distinguer de *du, de l', de la, de(s)* où *de* est préposition.
   parler de la pluie et du beau temps.

3) **Devant un adjectif,** on écrit habituellement **de** ; aujourd'hui, on écrit parfois **des**.
Il a de petits yeux. (Il a des petits yeux.)

4) **Un, une, des** désignent ce qui est présenté comme peu connu ou simplement comme quantité.
Elle a acheté une grammaire.

Possessifs

Pour un nom singulier	***Série MON***
Masculin	*mon ton son notre votre leur*
Féminin	*ma ta sa notre votre leur*
Masculin ou féminin, devant un mot commençant par une voyelle ou un h muet	*mon ton son*
Pour un nom pluriel	
Masculin ou féminin	*mes tes ses nos vos leurs*

Remarques

1) Les déterminants de la série **mon** varient aussi en personne.
Mon frère. (renvoi à **je**) *Ta mère.* (renvoi à **tu**).
Son père. (renvoi à **il, elle**) *Notre cousin.* (renvoi à **nous**) *Votre tante.* (renvoi à **vous**). *Leur oncle.* (renvoi à **ils, elles**)

2) On écrit *leur* ou *leurs*, selon le sens :
Ils échangent leurs impressions. (nos impressions)
Ils visitent leur maison. (notre maison)
Ils ont signé leur(s) diplôme(s). (le pluriel est courant)

3) **Mien, tien, sien, nôtre, vôtre, leur** sont des adjectifs.
Ces idées, je les fais miennes.

Démonstratifs

Pour un nom singulier	***Série CE***
Masculin Féminin Masculin devant un mot commençant par une voyelle ou un h muet	*ce* *cette* *cet*
Pour un nom pluriel	
Masculin ou féminin	*ces*

Remarque

Ci et *là*, adverbes, précédés d'un trait d'union, peuvent être joints au nom pour renforcer le déterminant **ce**. *Ci* indique ce qui est proche. *Là* indique ce qui est éloigné.

Ce garçon-ci.
Cette fille-là.
Ces enfants-là.

Interrogatifs et exclamatifs

Pour un nom singulier	***Série QUEL***	
Masculin Féminin Masculin, devant un mot commençant par une voyelle ou un h muet	*quel* *quelle* *quel*	
Pour un nom pluriel		
Masculin féminin	*quels* *quelles*	*que de*

Quel temps fait-il ?
Quelle surprise !
A quelle heure part-elle ?

Numéraux

Pour un nom pluriel			
Masculin ou féminin	*deux* *trois* *quatre* *cinq* *six* *sept* *huit* *neuf* *dix*	*onze* *douze* *treize* *quatorze* *quinze* *seize* *dix-sept* *dix-huit* *dix-neuf*	*vingt* *trente* *quarante* *cinquante* *soixante* *soixante-dix / septante* *quatre-vingts / octante* *quatre-vingt-dix /nonante* *cent...*

Remarques

1) En dessous de **cent**, les éléments composés sont reliés par un trait d'union, sauf s'ils sont unis par **et**.

vingt-deux, vingt et un
quatre-vingt-quatre, quatre-vingt-un

2) Vingt et cent, multipliés par un nombre et placés à la fin du nombre, s'écrivent avec **s**.

Une facture de huit cents francs.
Un chèque de cinq cent vingt-trois francs.
Une somme de deux cents millions.
Tous les cent mètres.

3) Mille est invariable.

Neuf mille francs.
L'an mille. L'an deux mille.
En l'an mille neuf cent soixante-neuf de l'ère chrétienne, on a marché sur la lune.

On écrit aussi : *En l'an mil neuf cent soixante-neuf.*

Mille, mesure de longueur, varie comme un nom.

A dix milles d'une terre habitée.

(Le mille marin vaut 1852 mètres.)
(Mile, mesure anglo-saxonne, vaut 1609 mètres.)

4) *Zéro, millier, million, milliard, billion, trillion,...* sont des noms.

On a emporté trois millions. Il a écrit trois zéros.

5) Pour indiquer l'ordre ou le rang, on emploie les adjectifs **premier, deuxième** (ou **second**), **troisième,...**

Les premières années.

6) Pour indiquer un ensemble, on emploie : **une dizaine, une douzaine, une centaine,...**

une vingtaine de personnes.

7) Pour indiquer les fractions, on emploie

1/2 un demi (ou la moitié)
3/2 trois demis
1/3 un tiers
1/4 un quart
3/4 trois quarts
1/5 un cinquième
7/20 sept vingtièmes

Indéfinis

Pour un nom singulier seulement					
Masculin Féminin	*chaque* *chaque*	*aucun* *aucune*	*nul* *nulle*	*plus d'un* *plus d'une*	*par un* *par une*
Pour un nom pluriel seulement					
Masculin Féminin	*plusieurs* *plusieurs*	*différents* *différentes*	*divers* *diverses*		

Pour un nom singulier					
Masculin Féminin	*certain* *certaine*	*n'importe quel* *n'importe quelle*	*quelque* *quelque*	*tout* *toute*	*tel* *telle*
Pour un nom pluriel					
Masculin Féminin	*certains* *certaines*	*n'importe quels* *n'importe quelles*	*quelques* *quelques*	*tous* *toutes*	*tels* *telles*
Pour un nom singulier ou pluriel					
Masculin ou féminin	*Assez de, beaucoup de, bien de, énormément de, la plupart de, pas mal de, quantité de, trop de, (tout) plein de, un (tout petit) peu de, tant de, tellement de, que de,...*				

Remarque

On emploie aussi

Lequel, je ne sais quel, Dieu sait quel, l'un et/ou l'autre, ni l'un ni l'autre, semblable, pareil,...

Absence de déterminants

Souvent, le déterminant n'est pas présent dans

- **les noms propres**
  Florence est un prénom. La ville de Florence. En Europe. A Luxembourg.

- **les noms de jour ou de mois**
  A dimanche prochain. En juillet.

- **les expressions**
  A midi. A minuit. Avoir faim. Avoir sommeil. Perdre patience. Prendre soin. Sous clef. En ballon. En bois. Sans rancune. Sans difficulté.

- **les proverbes**
  Pierre qui roule n'amasse pas mousse. A bon chat, bon rat.

- **les titres**
  Exercices français. Appartement à louer. Entrée interdite. Libre service.

- **l'énumération**
  J'achète vieux fers, vieux cuivres, vieilles machines.

- **le nom mis en apostrophe**
  Citoyens, écoutez.

- **le nom en apposition**
  Ottawa, capitale du Canada.

- **le nom attribut**
  Elle est musicienne.

LE PRONOM

Approche

Le pronom est un mot qui a pour rôle de se substituer à un groupe (ou à une phrase) utilisé à un autre endroit du texte ou qui a pour rôle de (re)présenter un participant à l'acte de communication.

__Elles me__ prêtent des disques. __Je les leur__ rends.
Est-__il__ capable ? __Celui-ci l'__est.
Je dis qu'__elle__ grandit. __Je le__ répète.
__Qui__ a téléphoné ? __C'__est une dame __que tu__ ne connais pas.

Classement des pronoms

Pronoms personnels

	Pronoms sujets			
	Pronoms de conjugaison		*Directs*	
	Masc.	*Fém.*	*Masc.*	*Fém.*
1re pers. sing.	**je / j'**		**me / m'**	
2e pers. sing.	**tu**		**te / t'**	
3e pers. sing.	**il** (on)	**elle** (on)	**le / l'**	**la / l'**
1re pers. plur.	**nous**		**nous**	
2e pers. plur.	**vous**		**vous**	
3e pers. plur.	**ils**	**elles**	**les**	

Remarques

1) **Nous** représente : **toi** et **moi, vous** et **moi, lui (elle)** et **moi, eux (elles)** et **moi.**

Vous représente : **toi** et **toi, vous** et **toi, lui (elle)** et **toi, eux (elles)** et **toi.**

Toi et moi, nous pourrions faire du théâtre.
Elle et toi, vous seriez des servantes.

Pronoms compléments						
Indirects				Pronoms réfléchis		
Sans prép.		Avec prép.				
Masc.	Fém.	Masc.	Fém.	Masc.	Fém.	
me / m'		moi		moi / me / m'		
te / t'		toi		toi / te / t'		
lui		lui	elle	soi / se / s'		en, y
nous		nous		nous		
vous		vous		vous		
leur		eux	elles	soi / se / s'		en, y

Nous et **vous**, remplaçant **je** et **tu**, sont des pluriels de politesse ou de modestie.

Vous êtes arrivé, monsieur.

2) **On** (à ne pas confondre avec **ont**, forme verbale) représente parfois **nous**.

On ira tous à la piscine. (nous irons)

3) Moi, toi et **lui** peuvent être utilisés comme sujets.
C'est toi qui as la clé. Moi seul ai la clé.
Lui seul a la clé. Sa sœur et lui ont une clé.

Moi, toi, soi, lui, elle, nous, vous, eux, elles peuvent être renforcés par **même(s)**. On relie le pronom et **même** par un trait d'union.
Elle écrira elle-même.

Même est au singulier ou au pluriel suivant que **nous** ou **vous** représentent une ou plusieurs personnes.
Dites-lui vous-même.

4) Le pronom de conjugaison qui suit le verbe est relié par un trait d'union. Pour éviter que deux voyelles ne soient en présence, un **t** entre deux traits d'union est intercalé.
Vient-il ? Avez-vous congé ? Récite-t-il ?
« Viens », dit-il. Danse-t-elle ?

5) A l'impératif, les pronoms personnels compléments sont reliés au verbe qui précède par un trait d'union.
Donne-lui. Vends-la-leur. Vas-y. Va-t'en.
Va le leur dire.

6) La voyelle de **je, te, se, le, la** s'élide devant une autre voyelle ou un h muet ; la voyelle de **le, la** ne s'élide pas quand ceux-ci sont reliés au verbe par un trait d'union.
J'arrive. Je t'en offrirai. Tu l'y rencontreras.
Donne-la ici. Elle s'habille.

7) En remplace un groupe nominal (sing. ou plur.) introduit par la préposition **de**.
Je m'en souviens. (de ce livre ou de cet homme...)

Y remplace un groupe nominal (sing. ou plur.) introduit par la préposition **à, dans** ou **en**.
J'y pense. (à ces vacances)

(Pour les personnes, on emploie **lui, à lui, en lui,...)**
Je pense à lui.

En et **y** peuvent être très imprécis, comme dans les expressions suivantes :
Elle s'en va. C'en est trop. Je n'en reviens pas.
Vous y êtes ? Il s'y prend bien.

Pronoms possessifs

Représentant la	*Singulier*		*Pluriel*	
	Masc.	*Fém.*	*Masc.*	*Fém.*
1re pers. sing. 2e pers. sing. 3e pers. sing.	*le mien* *le tien* *le sien*	*la mienne* *la tienne* *la sienne*	*les miens* *les tiens* *les siens*	*les miennes* *les tiennes* *les siennes*
1re pers. plur. 2e pers. plur. 3e pers. plur.	*le nôtre* *le vôtre* *le leur*	*la nôtre* *la vôtre* *la leur*	*les nôtres* *les vôtres* *les leurs*	*les nôtres* *les vôtres* *les leurs*

Remarque

La, le(s) nôtre(s), la, le(s) vôtre(s) s'écrivent avec un accent circonflexe.
(Notre local.) Le nôtre.

Pronoms démonstratifs

Formes simples	***Formes composées***			
	Singulier		***Pluriel***	
	Masc.	***Fém.***	***Masc.***	***Fém.***
ce (c') *ceci* *cela, ça*	*celui* *celui-ci* *celui-là*	*celle* *celle-ci* *celle-là*	*ceux* *ceux-ci* *ceux-là*	*celles* *celles-ci* *celles-là*

Ce sont de braves gens. C'est mon chien. Ceux-ci sont à vous. Ça va ?

Remarques

1) **Ci** et **là**, adverbes, sont reliés par un trait d'union à **celui, celle(s), ceux.**
Mais **cela** s'écrit en un mot et sans accent.

2) **Ça**, pronom mis pour **cela** (à ne pas confondre avec **çà**, adverbe).

3) **Celui** correspond à *ce + lui*, **celle(s)** à *ce + elle(s)*, **ceux** à *ce + eux*.

4) On n'élide pas la voyelle de **ce** quand celui-ci est relié au verbe par un trait d'union.
Est-ce ainsi ?

Pronoms relatifs

Formes

Formes simples	*Formes composées*			
	Singulier		*Pluriel*	
	Masc.	*Fém.*	*Masc.*	*Fém.*
qui *que* *quoi* *dont* *où*	*lequel* *auquel* *duquel*	*laquelle* *à laquelle* *de laquelle*	*lesquels* *auxquels* *desquels*	*lesquelles* *auxquelles* *desquelles*

Remarques

1) Le pronom relatif introduit une **relative**.
*Les électeurs **qui se sont abstenus** ont eu tort.*

Le pronom relatif a généralement un **antécédent** : c'est le nom ou le pronom que le pronom relatif remplace.
*Les **gens** qui parlent. Les **gens** dont on parle.*
***Ceux** que vous avez vus. La musique **à laquelle** je pense.*

2) La voyelle de **que** s'élide devant une autre voyelle ou un h muet.
*Ce **qu'**on dit.*

3) **Quoi que** (en deux mots), représente *quelque chose que*, à ne pas confondre avec **quoique**, conjonction de subordination.
Quoi qu'on vous dise, ne bougez pas !

4) **Où**, pronom, à ne pas confondre avec **ou**, conjonction mise pour **ou bien**.
Je sais où vous habitez.

Emploi

Emploi des pronoms relatifs	*Représentant*		*Exemples*
	humain	*nom humain*	
qui	+	+	*L'ouvrier* ***qui*** *est venu était poli.* *Il prêté le livre* ***qui*** *était sur la tablette.* *C'est ce* ***qui*** *m'amusait.* ***Qui*** *sème le vent récolte la tempête.*
prép. + **qui**	+		*Les gens* ***à qui*** *je m'adresse...*
que	+	+	*Le crayon* ***que*** *tu as trouvé était-il bleu ?* *Ce* ***que*** *j'ai entendu est effrayant.* *Il a écrit à la personne* ***que*** *tu connais.* *Pauvres* ***que*** *nous sommes !*
prép. + **quoi**		+	*Ce vase, c'est ce* ***à quoi*** *il tient.* *Je ne vois pas* ***en quoi*** *il aurait tort.*
où		+	*L'immeuble* ***où*** *vous habitez...* *Là* ***où*** *je vais...*
d'où		+	*Je ne sais* ***d'où*** *il tient ce caractère.* *Il est parti.* ***D'où*** *ma colère !*
dont	+	+	*Les gens* ***dont*** *les noms suivent...* *Le livre* ***dont*** *je vous parle.* *Ce* ***dont*** *on discute ici...*
lequel prép. + **lequel**	+	+	*Il a entendu la voisine,* ***laquelle*** *a tout raconté.* *La date* ***à laquelle*** *vous pensez...* *Les mesures,* ***à*** *l'efficacité* ***desquelles*** *nous croyons...*
parmi entre + **lequel**	+	+	*Les personnes* ***parmi lesquelles*** *nous vivons...*
quiconque	+		*La loi punit* ***quiconque*** *est coupable. (Larousse)*

Pronoms interrogatifs

Formes simples	*Formes composées*			
	Singulier		*Pluriel*	
	Masc.	*Fém.*	*Masc.*	*Fém.*
qui ? que ? quoi ?	lequel ? auquel ? duquel ?	laquelle ? à laquelle ? de laquelle ?	lesquels ? auxquels ? desquels ?	lesquelles ? auxquelles ? desquelles ?

Qui est prêt ? Qui est prête ? Qui sont-ils ? Qui sont-elles ? Qui est-ce Qui sait ? Que voulez-vous ? De quoi parlez-vous ? Laquelle est à vous ?

Remarques

1) **Combien** peut être considéré comme pronom interrogatif.
Combien serons-nous ce soir ?

2) **Qui** représente généralement le masculin singulier, mais aussi, parfois, le féminin singulier.
Qui a été gentille ?

Pronoms indéfinis

Formes variables			
Singulier		***Pluriel***	
Masc.	***Fém.***	***Masc.***	***Fém.***
l'un *quelqu'un* *tout* *l'autre*	*l'une* *(quelqu'une)* *l'autre*	*les uns* *quelques-uns* *tous* *les autres*	*les unes* *quelques-unes* *toutes* *les autres*
		certains	*certaines*
aucun *chacun* *nul* *pas un* *plus d'un* *tel*	*aucune* *chacune* *nulle* *pas une* *plus d'une* *telle*		

Formes invariables

autrui, bon nombre, d'aucuns, la plupart, n'importe qui (quoi), on, personne, plusieurs, quelque chose, quiconque, rien, tout le monde.

Remarques

1) **On** est parfois mis à la place d'un pronom personnel (à ne pas confondre avec **ont**, forme verbale)
On a été choisi(s).

2) **Quelques-uns, quelques-unes** s'écrivent avec un trait d'union.

3) **Je ne sais qui (quoi), n'importe qui (quoi) (lequel), qui de droit,...** : ces locutions peuvent être employées comme pronoms indéfinis.
Il ferait n'importe quoi.

4) **Assez, autant, beaucoup, peu, tant, trop :** ces adverbes peuvent être employés comme pronoms indéfinis.
Beaucoup réfléchiront.

5) **Pas un, plus d'un :** ces déterminants peuvent être employés comme pronoms indéfinis.
Plus d'un se souviendra.

Place des pronoms personnels

A. Le pronom personnel sujet se place avant le verbe dans la phrase déclarative. Il se place après le verbe dans la phrase interrogative ; il se joint alors au verbe par un trait d'union.

Je suis Européen. Es-tu Américaine ?
A-t-elle besoin d'aide ? Avez-vous soif ?

B. Sans préposition, le pronom personnel complément indirect se place avant le pronom personnel complément direct (mais **lui** et **leur** se placent après).

Elle lui parle. Elle me l'explique.
Il leur raconte. Elle le lui explique.

C. Avec préposition, le pronom personnel complément se place normalement après le verbe.

Elle partira avec ***toi.***
Elle pourra choisir parmi ***eux.***

Remarques

1) Les pronoms personnels compléments se placent après le verbe à l'impératif sans négation. Le pronom qui suit le verbe est relié par un trait d'union. S'il y a une négation à l'impératif ou s'il s'agit d'un autre mode, ces pronoms se placent avant le verbe.

Raconte-la.	*Ne la raconte pas.*	*Tu la racontes.*
Dis-le-lui.	*Ne le lui dis pas.*	*Tu le lui dis.*
Parles-en.	*N'en parle pas.*	*Tu en parles.*
Donnez-m'en.	*Ne m'en donnez pas.*	*Vous m'en donnez*
Vas-y.	*N'y va pas.*	*Tu y vas.*

2) Le pronom personnel complément direct d'un infinitif se place avant celui-ci.

J'aimerais la rencontrer. Viens les chercher. Va le leur dire.

LE VERBE

Approche

Le **verbe** est un mot capable de se conjuguer afin de signifier l'expression du temps. Le verbe varie : il peut changer de radical et changer de terminaison. Le verbe est le centre du groupe verbal (GV).

*L'équipe nationale **remportera** la victoire.*

Classement des verbes

Selon la construction

1. Les **verbes auxiliaires** sont ceux qui servent à conjuguer d'autres verbes.
Marie Curie a découvert le radium
Elle était née à Varsovie en 1867.
Il va venir.
Il doit réfléchir.

2. Les **verbes copules** *être, devenir, paraître, rester, sembler,...* relient un sujet et un attribut.
Elle est (devient, paraît,...) malade.

3. Les **verbes impersonnels** sont ceux qui ne sont conjugués qu'avec **il**, pronom de conjugaison (qui ne se substitue à aucun groupe ni à aucune phrase).
Il pleuvra.
Il fait mauvais.

4. Les **verbes transitifs** sont ceux qui peuvent avoir un complément du verbe.
Bénédicte lit une bande dessinée.
Elle obéit à son père.

5. Les **verbes intransitifs** sont ceux qui ne peuvent avoir un complément du verbe

Molière meurt en 1673.

6. Les **verbes pronominaux** sont ceux qui sont conjugués avec un pronom de même nombre et de même personne que le sujet (**me, te, se, nous, vous, se**). Ce pronom représente ce que le sujet désigne.

Nous nous connaissons.
On se reverra.

Remarques

On peut distinguer :

a) les **verbes pronominaux proprement dits**

- ils existent seulement à la forme pronominale

  s'enfuir

- ou ils existent avec un sens différent à la forme pronominale

  se tromper (faire une erreur)
  tromper (mentir)

b) les **verbes pronominaux réfléchis et réciproques**

- **réfléchis :** le sujet exerce une action sur lui-même

  se laver, se lever

- **réciproques :** les sujets exercent une action l'un sur l'autre

  s'aimer, se battre, se parler

c) les **verbes pronominaux à sens passif**

- ils équivalent aux mêmes verbes conjugués à la voix passive, à la 3e personne

se conduire (être conduit), *se mériter* (être mérité), *se vendre* (être vendu)

Selon la conjugaison

1. Les **verbes réguliers** sont ceux qui suivent les mêmes règles dans toute leur conjugaison, qu'il s'agisse de la variation du radical ou de la variation des terminaisons.
   Il aime. Nous aimons. Tu aimais.
   Il finit. Nous finissons. Tu finissais.

2. Les **verbes irréguliers** sont ceux qui ne suivent pas les mêmes règles dans toute leur conjugaison, qu'il s'agisse de la variation du radical ou de la variation des terminaisons.
   Il fait. Nous faisons. Tu feras.
   Tu dis. Vous dites.

3. Les **verbes défectifs** sont ceux qui ne se conjuguent pas à certains temps ou à certaines personnes.
   Le verbe ***déchoir*** *n'a ni indicatif imparfait ni impératif.*

Remarques

1) Les verbes réguliers suivent la conjugaison d'un des deux modèles suivants :
   aimer
   finir

2) Beaucoup de verbes irréguliers suivent la conjugaison de l'un des modèles suivants (voir p. 105 et suiv.).
   venir, sentir, craindre, conduire, mettre, vendre, recevoir

Variations et conjugaisons

Conjugaisons

Conjuguer un verbe, c'est établir le répertoire des différentes formes en faisant varier le radical, la voix, le mode, le temps, la personne et le nombre.

Elle va. Nous sommes revenus. Il a été félicité.
Elles iront. Qu'ils reviennent ! Félicite-le.

Remarque

Certaines terminaisons du participe passé indiquent aussi le genre

La lettre est écrite.

Composition d'une forme verbale

Un **radical** (ou une base) qui permet d'identifier une signification du verbe

***Téléphon**/ez*

Une **terminaison** (ou une désinence) qui permet d'identifier

- la personne et le nombre
- le mode et le temps

*Nous ir/**ons***

Personnes, nombre, terminaisons

La personne grammaticale indique :

- celle qui parle ou qui écrit : **première personne :** *je, nous*

- celle qui écoute ou qui lit : **deuxième personne :** *tu, vous*

- celle qui ne participe pas à la communication entre **je** et **tu** : **troisième personne :** *il, elle, on, ils, elles*

Nombre			
Singulier		***Pluriel***	
Pronoms de conjugaison	***Terminaisons écrites***	***Pronoms de conjugaison***	***Terminaisons écrites***
je	-e -s -ai -x *(je peux)* *(je veux)* *(je vaux)*	**Nous**	-ons -mes
tu	-s -x *(tu peux)* *(tu veux)* *(tu vaux)* -e (impér. pr. de certains verbes) + *(va)*	**vous**	-ez -tes
il **elle** **on**	-e -t -d -a -c *(il vainc)* *(il convainc)*	**ils** **elles**	-nt (-ent *ou* -ont)

Modes

Le mode indique la manière dont l'émetteur considère son énoncé.

Modes personnels

Les formes verbales varient avec les personnes.

L'**indicatif** marque
- des faits réels
- une obligation grammaticale

il court

Le **subjonctif** marque
- des faits à propos desquels l'émetteur ne s'engage pas
- un ordre, un souhait
- une obligation grammaticale

qu'il coure

L'**impératif** marque l'ordre, le souhait, le désir...
cours

Modes impersonnels

Les formes verbales ne varient pas avec les personnes.

L'**infinitif** est la forme nominale du verbe.
courir

Le **participe** est la forme adjectivale du verbe.
couru
courant

Le **gérondif** est un participe présent précédé de la préposition **en**.
en courant

Remarque

Le **conditionnel** est considéré aujourd'hui comme un temps de l'indicatif
Elle lirait la nouvelle le lendemain.

Temps

Le temps de conjugaison indique :
- l'époque de l'événement (présente, passée, future) par rapport au moment de la parole
- la phase de déroulement (événement qui s'est fait, se fait ou va se faire)

Temps simples Formes verbales écrites en un seul mot		**Temps composés** Formes verbales écrites en plusieurs mots	
Indicatif - Présent - Imparfait - Passé simple - Futur simple - Condit. prés.	 *je lis* *je lisais* *je lus* *je lirai* *je lirais*	**Indicatif** - Passé composé - Plus-que-parfait - Passé antérieur - Futur antérieur - Condit. passé	 *j'ai lu* *j'avais lu* *j'eus lu* *j'aurai lu* *j'aurais lu*
Subjonctif - Présent - Imparfait	 *que je lise* *que je lusse*	**Subjonctif** - Passé - Plus-que-Parfait	 *que j'aie lu* *que j'eusse lu*
Impératif - Présent	 *lis, lisez*	**Impératif** - Passé	 *aie lu, ayez lu*
Participe - Présent	 *lisant*	**Participe** - Passé	 *ayant lu*
Infinitif - Présent	 *lire*	**Infinitif** - Passé	 *avoir lu*

Remarques

1) Pour former **les temps composés**, on conjugue *avoir* ou *être* (qui sont alors des verbes auxiliaires) aux temps simples correspondants, suivi du participe passé du verbe à conjuguer

Je lis, j'ai lu.
Je partais, j'étais parti.

2) Pour former **les temps surcomposés**, on conjugue *avoir* aux temps composés correspondants, suivi du participe passé du verbe à conjuguer.

Il a fini, il a eu fini ; elle est entrée.

Voix

La voix indique la relation établie entre le verbe et le sujet ou entre le verbe et le complément direct du verbe.

Piccard explora la stratosphère en 1931.
La stratosphère fut explorée par Piccard en 1931.

Voix active	Voix passive
La forme verbale ne contient pas l'auxiliaire **être**	La forme verbale contient l'auxiliaire **être** (au même mode et au même temps que le verbe de la voix active) suivi d'un participe passé. Le temps de la forme verbale est celui auquel est conjugué l'auxiliaire être.
Le verbe peut avoir un complément direct	Le verbe peut être suivi d'un complément introduit par la préposition **par** (complément d'agent du verbe passif).
Ce complément serait le sujet du verbe à la voix passive.	Ce complément serait le sujet du verbe à la voix active.

Remarques

1) Les verbes à la voix passive ne doivent pas être confondus avec les verbes conjugués avec *être* dans les temps composés. Seuls les verbes transitifs directs peuvent être mis à la voix passive.

Les lettres sont ouvertes par le secrétaire. (indicatif présent passif)
Les lettres sont arrivées. (indicatif passé composé actif)

2) La voix passive permet de ne pas citer l'agent.

Les lettres sont signées. (par le ministre)

Aspect

L'**aspect** indique les différentes phases de déroulement.
Un événement s'est fait, se fait ou va se faire quelle que soit l'époque.

- Phase non accomplie (aspect imperfectif)
  être sur le point de + infinitif (ou) *aller* + infinitif
  formes verbales simples (ou) *être en train de* + infinitif
- Phase accomplie (aspect perfectif)
  formes verbales simples (ou) *venir de* + infinitif

Remarques

1) *Aller* + infinitif est employé pour exprimer le futur proche.
Il va acheter une guitare.
Il ira acheter une guitare.

2) *Venir de* + infinitif est employé pour exprimer le passé récent.
Il vient de boire un café.
Il venait de boire un café.

Tableaux

Voir pages suivantes. ▶

Conjugaison du verbe AVOIR

INDICATIF

Présent	**Imparfait**	**Passé simple**
J'ai	J'avais	J'eus
Tu as	Tu avais	Tu eus
Il a	Il avait	Il eut
Nous avons	Nous avions	Nous eûmes
Vous avez	Vous aviez	Vous eûtes
Ils ont	Ils avaient	Ils eurent

Passé composé	**Plus-que-parfait**	**Passé antérieur**
J'ai eu	J'avais eu	J'eus eu
Tu as eu	Tu avais eu	Tu eus eu
Il a eu	Il avait eu	Il eut eu
Nous avons eu	Nous avions eu	Nous eûmes eu
Vous avez eu	Vous aviez eu	Vous eûtes eu
Ils ont eu	Ils avaient eu	Ils eurent eu

SUBJONCTIF

Présent	**Passé**
que j'aie	que j'aie eu
tu aies	tu aies eu
il ait	il ait eu
nous ayons	nous ayons eu
vous ayez	vous ayez eu
ils aient	ils aient eu

IMPERATIF

Présent	**Passé**
Aie	Aie eu
Ayons	Ayons eu
Ayez	Ayez eu

INFINITIF

Présent	**Passé**
Avoir	Avoir eu

Futur simple	**Conditionnel présent**
J'aurai	J'aurais
Tu auras	Tu aurais
Il aura	Il aurait
Nous aurons	Nous aurions
Vous aurez	Vous auriez
Ils auront	Ils auraient
Futur antérieur	**Conditionnel passé**
J'aurai eu	J'aurais eu
Tu auras eu	Tu aurais eu
Il aura eu	Il aurait eu
Nous aurons eu	Nous aurions eu
Vous aurez eu	Vous auriez eu
Ils auront eu	Ils auraient eu

Imparfait	**Plus-que-parfait**
que j'eusse	que j'eusse eu
tu eusses	tu eusses eu
il eût	il eût eu
nous eussions	nous eussions eu
vous eussiez	vous eussiez eu
ils eussent	ils eussent eu

PARTICIPE		GERONDIF	
Présent	**Passé**	**Présent**	**Passé**
Ayant	Eu, eue	En ayant	En ayant eu

Conjugaison du verbe ÊTRE

INDICATIF

Présent	Imparfait	Passé simple
Je suis	J'étais	Je fus
Tu es	Tu étais	Tu fus
Il est	Il était	Il fut
Nous sommes	Nous étions	Nous fûmes
Vous êtes	Vous étiez	Vous fûtes
Ils sont	Ils étaient	Ils furent
Passé composé	**Plus-que-parfait**	**Passé antérieur**
J'ai été	J'avais été	J'eus été
Tu as été	Tu avais été	Tu eus été
Il a été	Il avait été	Il eut été
Nous avons été	Nous avions été	Nous eûmes été
Vous avez été	Vous aviez été	Vous eûtes été
Ils ont été	Ils avaient été	Ils eurent été

SUBJONCTIF

Présent	Passé
que je sois	que j'aie été
tu sois	tu aies été
il soit	il ait été
nous soyons	nous ayons été
vous soyez	vous ayez été
ils soient	ils aient été

IMPERATIF

Présent	Passé
Sois	Aie été
Soyons	Ayons été
Soyez	Ayez été

INFINITIF

Présent	Passé
Être	Avoir été

Futur simple	Conditionnel présent
Je serai Tu seras Il sera Nous serons Vous serez Ils seront	Je serais Tu serais Il serait Nous serions Vous seriez Ils seraient
Futur antérieur	**Conditionnel passé**
J'aurai été Tu auras été Il aura été Nous aurons été Vous aurez été Ils auront été	J'aurais été Tu aurais été Il aurait été Nous aurions été Vous auriez été Ils auraient été

Imparfait	Plus-que-parfait
que je fusse tu fusses il fût nous fussions vous fussiez ils fussent	que j'eusse été tu eusses été il eût été nous eussions été vous eussiez été ils eussent été

PARTICIPE		GERONDIF	
Présent	**Passé**	**Présent**	**Passé**
Etant	Eté	En étant	En ayant été

Conjugaison du verbe AIMER

INDICATIF		
Présent	**Imparfait**	**Passé simple**
J'aime	J'aimais	J'aimai
Tu aimes	Tu aimais	Tu aimas
Il aime	Il aimait	Il aima
Nous aimons	Nous aimions	Nous aimâmes
Vous aimez	Vous aimiez	Vous aimâtes
Ils aiment	Ils aimaient	Ils aimèrent
Passé composé	**Plus-que-parfait**	**Passé antérieur**
J'ai aimé	J'avais aimé	J'eus aimé
Tu as aimé	Tu avais aimé	Tu eus aimé
Il a aimé	Il avait aimé	Il eut aimé
Nous avons aimé	Nous avions aimé	Nous eûmes aimé
Vous avez aimé	Vous aviez aimé	Vous eûtes aimé
Ils ont aimé	Ils avaient aimé	Ils eurent aimé

SUBJONCTIF	
Présent	**Passé**
que j'aime	que j'aie aimé
tu aimes	tu aies aimé
il aime	il ait aimé
nous aimions	nous ayons aimé
vous aimiez	vous ayez aimé
ils aiment	ils aient aimé

IMPERATIF		INFINITIF	
Présent	**Passé**	**Présent**	**Passé**
Aime	Aie aimé	Aimer	Avoir aimé
Aimons	Ayons aimé		
Aimez	Ayez aimé		

Futur simple	**Conditionnel présent**
J'aimerai	J'aimerais
Tu aimeras	Tu aimerais
Il aimera	Il aimerait
Nous aimerons	Nous aimerions
Vous aimerez	Vous aimeriez
Ils aimeront	Ils aimeraient
Futur antérieur	**Conditionnel passé**
J'aurai aimé	J'aurais aimé
Tu auras aimé	Tu aurais aimé
Il aura aimé	Il aurait aimé
Nous aurons aimé	Nous aurions aimé
Vous aurez aimé	Vous auriez aimé
Ils auront aimé	Ils auraient aimé

Imparfait	**Plus-que-parfait**
que j'aimasse	que j'eusse aimé
tu aimasses	tu eusses aimé
il aimât	il eût aimé
nous aimassions	nous eussions aimé
vous aimassiez	vous eussiez aimé
ils aimassent	ils eussent aimé

PARTICIPE		GERONDIF	
Présent	**Passé**	**Présent**	**Passé**
Aimant	Aimé, aimée	En aimant	En ayant aimé

Conjugaison du verbe FINIR

INDICATIF

Présent	Imparfait	Passé simple
Je finis	Je finissais	Je finis
Tu finis	Tu finissais	Tu finis
Il finit	Il finissait	Il finit
Nous finissons	Nous finissions	Nous finîmes
Vous finissez	Vous finissiez	Vous finîtes
Ils finissent	Ils finissaient	Ils finirent
Passé composé	**Plus-que-parfait**	**Passé antérieur**
J'ai fini	J'avais fini	J'eus fini
Tu as fini	Tu avais fini	Tu eus fini
Il a fini	Il avait fini	Il eut fini
Nous avons fini	Nous avions fini	Nous eûmes fini
Vous avez fini	Vous aviez fini	Vous eûtes fini
Ils ont fini	Ils avaient fini	Ils eurent fini

SUBJONCTIF

Présent	Passé
que je finisse	que j'aie fini
tu finisses	tu aies fini
il finisse	il ait fini
nous finissions	nous ayons fini
vous finissiez	vous ayez fini
ils finissent	ils aient fini

IMPERATIF

Présent	Passé
Finis	Aie fini
Finissons	Ayons fini
Finissez	Ayez fini

INFINITIF

Présent	Passé
Finir	Avoir fini

Futur simple	Conditionnel présent
Je finirai	Je finirais
Tu finiras	Tu finirais
Il finira	Il finirait
Nous finirons	Nous finirions
Vous finirez	Vous finiriez
Ils finiront	Ils finiraient

Futur antérieur	Conditionnel passé
J'aurai fini	J'aurais fini
Tu auras fini	Tu aurais fini
Il aura fini	Il aurait fini
Nous aurons fini	Nous aurions fini
Vous aurez fini	Vous auriez fini
Ils auront fini	Ils auraient fini

Imparfait	Plus-que-parfait
que je finisse	que j'eusse fini
tu finisses	tu eusses fini
il finît	il eût fini
nous finissions	nous eussions fini
vous finissiez	vous eussiez fini
ils finissent	ils eussent fini

PARTICIPE		GERONDIF	
Présent	**Passé**	**Présent**	**Passé**
Finissant	Ayant fini	En finissant	En ayant fini

Remarques sur la conjugaison des verbes

Verbes en -er

en **-cer**	**cédille sous le c** devant **a, o** *tu avançais, nous avançons*
en **-ger**	**e après le g** devant **a et o** *tu mangeais, nous mangeons*
en **-ayer** en **-oyer/-uyer**	**y** peut être gardé devant un **e muet** **y** remplacé par **i** devant un **e muet** *il balaye, il balaie* *tu nettoies, elle essuiera*
en **-eler/-eter**	deux **l,** deux **t,** devant un **e muet** (sauf quelques verbes : acheter, geler, peler,... avec accent grave). *il appelle, tu achètes*
en **-éer**	**é conservé** dans toute la conjugaison *tu crées, nous créions*
en **-é.er**	**é** remplacé par **è devant une syllabe muette finale**, (donc pas à l'ind. fut. s. et au condit. prés.) *tu précèdes, nous précéderons*
en **-e.er**	**e** remplacé par **è** devant **une syllabe muette** (même si elle n'est pas finale) *tu achèves, nous achèverons*
en **-ier**	**deux i** aux deux premières personnes du pluriel de l'indic. imparf. et du subj. prés. *nous photographiions, que vous photographiiez* (même remarque pour **rire** et **sourire**) *nous riions, que vous souriiez*
en **-ailler/-eiller/-iller/-ouiller**	**-illi** aux deux premières personnes du pluriel de l'indic. imparf. et du subj. prés. *nous surveillions, que vous travailliez*
en **-guer/-quer**	**u** du radical **conservé** dans toute la conjugaison *tu navigues, elle remarquait*

Verbes en -ir

bénir	**deux participes passés** *béni, bénie ; bénit, bénite* (par des prières)
fleurir	le radical est **flor-** quand le verbe signifie « prospérer » *Le commerce florissait*
haïr	**sans tréma** sur le **i** à l'indic. prés. sing. et à la 2e pers. sing. de l'impér. prés. **le tréma** remplace **l'accent circonflexe** au passé simple pluriel et à la 3e pers. sing. subj. imparf. - *je hais, tu hais, il hait* - *hais* - *nous haïmes*

Autres verbes

en **-dre**	**-ds, -ds, -d :** terminaisons de l'indic. prés. sing. *je perds, tu perds, elle perd* **-ds :** terminaison de la 2e pers. sing. de l'impér. prés. *vends*
en **-indre/-soudre**	**-s, -s, -t :** terminaisons de l'indic. prés. sing. *je rejoins, tu rejoins, il résout* **-nd** change en **-gn** devant une voyelle *nous craignons* **-s :** terminaison de la 2e pers. sing. de l'impér. prés. (ces verbes ne gardent le **d** que devant un **r**) *peins, il éteindra*
en **-tre**	**-ts, -ts, -t :** terminaisons de l'indic. prés. sing. *je mets, tu mets, il met* **-ts :** terminaison de la 2e pers. sing. de l'impér. prés. *combats*
en **-aître/-oître**	**accent circonflexe sur le i** chaque fois que le **i** est devant un **t** *il connaît, tu accroîtras*
croître	**accent circonflexe sur i/u** chaque fois que la forme verbale est identique à celle du verbe **croire** *tu croîs, crû*
croître, devoir, mouvoir	**accent circonflexe** sur le **u** du **part. passé au masc. sing.** seulement *crû, dû, mû, crue, due, mue, dus*
vaincre	attention aux **terminaisons** de l'**indic. prés. sing.** et à celle de la 2e pers. sing. **de l'impér. prés.** *je vaincs, tu vaincs, il vainc, vaincs*
apercevoir, concevoir, décevoir, percevoir, recevoir	cédille sous le **c** devant **o, u** *elle aperçoit, nous reçûmes*

Conjugaison avec AVOIR et ÊTRE

1) L'auxiliaire **être** est employé

- pour la voix passive
  Ce livre est vendu.
- pour les verbes pronominaux
  Ils se sont envoyé des cartes postales.
- pour les verbes intransitifs suivants

aller	*éclore*	*partir*	*rester*
arriver	*entrer*	*remonter**	*retourner**
choir	*monter**	*rentrer**	*sortir**
(échoir)	*mourir*	*repartir*	*tomber**
décéder	*naître*	*ressortir*	*venir**
*descendre**			

Les enfants sont sortis.
Elle est venue.

* Ces verbes peuvent devenir transitifs et se conjuguer avec l'auxiliaire *avoir*.
Il a descendu les valises.

2) L'auxiliaire **avoir** est employé dans tous les autres cas.
Ils ont été. Il a dormi.
Elles ont regardé. Elle avait eu.

Conjugaison des verbes pronominaux

Les verbes sont conjugués avec un pronom de même nombre et de même personne que le sujet. Ce pronom représente ce que le sujet désigne.
Ce pronom se place entre le pronom de conjugaison et le verbe.

Indicatif présent	***Impératif présent***
Je me lève *Tu te lèves* *Il se lève* *Nous nous levons* *Vous vous levez* *Ils se lèvent*	*Lève-toi* *Levons-nous* *Levez-vous*

Remarques

1) Aux temps composés, les verbes pronominaux se conjuguent avec l'auxiliaire **être**.
Il s'est mis en tête de devenir pilote. (passé composé actif)

Indicatif passé composé
Je me suis levé *Tu t'es levé* *Il s'est levé* *Nous nous sommes levés* *Vous vous êtes levés* *Ils se sont levés*

2) Dans une forme verbale interrogative, seul le pronom de conjugaison change de place.
Il s'ennuie. S'ennuie-t-il ?

Conjugaison de quelques verbes irréguliers, défectifs ou particuliers

Abattre, voir **battre**

Absoudre (v. défectif)

Ind. prés.	j'absous, tu absous, il absout, nous absolvons, vous absolvez, ils absolvent.
Imparf.	j'absolvais.
Passé s.	j'absolus *(peu usité)*
Futur s.	j'absoudrai.
Cond. prés.	j'absoudrais
Impératif	absous, absolvons, absolvez.
Subj. prés.	que j'absolve, que nous absolvions.
Subj. imp.	que j'absolusse *(peu usité)*
Part. prés.	absolvant.
Part. passé	absous, absoute.

Se conjuguent sur **absoudre : dissoudre, résoudre.**

Abstenir (s'), voir **venir**

Abstraire, voir **traire**

Achever, voir **mener**

Accélérer, voir **céder**

Accourir, voir **courir**

Ce verbe se conjugue tantôt avec l'auxiliaire *avoir,* tantôt avec l'auxiliaire *être : il est accouru, il a accouru à son premier appel.* Mais les autres composés de *courir,* et *courir* lui-même, se conjuguent avec l'auxiliaire *avoir.*

Accroire

Il est employé à l'infinitif avec *faire* ou *laisser*

Accroître, voir **croître**

Rem. : Pas d'accent circonflexe sur le *u* du part. passé.

Acquérir

Ind. prés.	j'acquiers, tu acquiers, il acquiert, nous acquérons, vous acquérez, ils acquièrent.
Imparf.	j'acquérais, nous acquérions.
Passé s.	j'acquis, nous acquîmes.
Futur s.	j'acquerrai.
Cond. prés.	j'acquerrais.
Impér. prés.	acquiers, acquérons, acquérez.
Subj. prés.	que j'acquière, que tu acquières, qu'il acquière, que nous acquérions, que vous acquériez, qu'ils acquièrent.
Subj. imp.	que j'acquisse, qu'il acquît, que nous acquissions.
Part. prés.	acquérant.
Part. passé	acquis, acquise.

Se conjuguent sur **acquérir : conquérir, s'enquérir, requérir.**

Adjoindre, voir **craindre**

Admettre, voir **mettre**

Advenir, voir **venir**

Ce verbe impersonnel se conjugue aux troisièmes personnes du singulier, à l'infinitif et aux participes.

Aérer, voir **céder**

Aller

Ind. prés.	je vais, tu vas, il va, nous allons, vous allez, ils vont.
Imparf.	j'allais.
Passé s.	j'allai, tu allas, il alla, nous allâmes, vous allâtes, ils allèrent.
Futur s.	j'irai, tu iras, il ira, nous irons, vous irez, ils iront.
Cond. prés.	j'irais.
Impér. prés.	va, allons, allez.
Subj. prés.	que j'aille, que tu ailles, qu'il aille, que nous allions, que vous alliez, qu'ils aillent.
Subj. imp.	que j'allasse, qu'il allât.
Part. prés.	allant.
Part. passé	allé.

S'en aller : je m'en vais, je m'en allais, etc., je m'en suis allé.

Rem. : On écrit à l'impératif : *vas-y, va-t'en*
Aux temps composés, *aller* peut être remplacé par le verbe *être : Je suis allé* ou *J'ai été.*

Amener, voir **mener**

Apercevoir, voir **recevoir**

Apparaître, voir **connaître**

Apparoir (v. défectif)
Il est employé à la 3e personne de l'indicatif présent : *il appert,* et à l'infinitif. C'est un terme juridique : être évident, apparaître clairement.

Appartenir, voir **venir**

Appeler
On peut écrire *j'appelle* ou *j'appèle*

Asseoir (s')

Ind. prés.	je m'assieds, tu t'assieds, il s'assied, nous nous asseyons, vous vous asseyez, ils s'asseyent. *parfois :* je m'assois
Imparf.	je m'asseyais, nous nous asseyions.
Passé s.	je m'assis, nous nous assîmes.
Futur s.	je m'assiérai, nous nous assiérons.
Cond. prés.	je m'assiérais, nous nous assiérions.
Impér. prés.	assieds-toi, asseyons-nous, asseyez-vous.
Subj. prés.	que je m'asseye, que nous nous asseyions, qu'ils s'asseyent. Parfois : que je m'assoie
Subj. imp.	que je m'assisse, qu'il s'assît, que nous nous assissions.
Part. prés.	asseyant.
Part. passé	assis, assise.

Se conjugue sur ***asseoir : rasseoir.***

Astreindre, voir **craindre**

Atteindre, voir **craindre**

Attendre, voir **vendre**

Battre

Ind. prés.	je bats, tu bats, il bat, nous battons, vous battez, ils battent.
Imparf.	je battais.

Passé s.	je battis.
Futur s.	je battrai.
Cond. prés.	je battrais.
Impér. prés.	bats, battons, battez.
Subj. prés.	que je batte.
Subj. imp.	que je battisse, qu'il battît.
Part. prés.	battant.
Part. passé	battu, battue.

Se conjuguent sur **battre : abattre, combattre, débattre.**

Boire

Ind. prés.	je bois, tu bois, il boit, nous buvons, vous buvez, ils boivent.
Imparf.	je buvais.
Passé s.	je bus.
Futur s.	je boirai.
Cond. prés.	je boirais.
Impér. prés.	bois, buvons, buvez.
Subj. prés.	que je boive, que nous buvions.
Subj. imp.	que je busse, qu'il bût.
Part. prés.	buvant.
Part. passé	bu, bue.

Bouillir

Ind. prés.	je bous, tu bous, il bout, nous bouillons, vous bouillez, ils bouillent.
Imparf.	je bouillais, nous bouillions.
Passé s.	je bouillis.
Futur s.	je bouillirai.
Cond. prés.	je bouillirais.
Impér. prés.	bous, bouillons, bouillez.
Subj. prés.	que je bouille, que nous bouillions.
Subj. imp.	que je bouillisse, qu'il bouillît.
Part. prés.	bouillant.
Part. passé	bouilli, bouillie.

Braire (v. défectif)

Il est employé à la 3e personne du singulier et du pluriel :
— de l'indicatif présent : il brait, ils braient
— du futur s. : il braira, ils brairont
— du cond. prés. : il brairait, ils brairaient
— et à l'infinitif.

Le participe présent : *brayant* et les temps composés sont peu usités (Participe passé : *brait*, sans féminin)

Bruire (v. défectif)

Il est employé à la 3e personne du singulier et du pluriel :
— de l'indicatif présent : il bruit, ils bruissent
— de l'indicatif imparf. : il bruissait, ils bruissaient
— du subj. prés. : qu'il bruisse, qu'ils bruissent
au part. prés. : bruissant.

Céder, voir **mener.**

Ce verbe garde l'accent aigu au futur s. et au cond. prés. : *je céderai*

Ceindre, voir **craindre**

Chaloir, (v. défectif)

Il n'est employé impersonnellement que dans des expressions comme *Peu me chaut.*

Choir (v. défectif)

Il est employé en poésie et, quelquefois, par plaisanterie. Il est usité :
— à l'ind. prés. : je chois, tu chois, il choit, ils choient
— au passé s. : il chut
— le futur s. : je cherrai,...
— au part. passé : chu, chue
— à l'infinitif

Clore (v. défectif)

Il est surtout employé :
— à l'ind. prés. (aux trois personnes du sing.) : je clos, tu clos, il clôt
— au futur s. : je clorai,...
— au cond. prés. : je clorais,...
— à l'impératif prés. : clos
— au part. passé : clos, close
— à l'infinitif.

Combattre, voir **battre**

Commencer

Rem. : Les verbes en **-cer** prennent une cédille sous le **c** devant *a, o (voir page 100)*

Commettre, voir **mettre**

Communiquer

Rem. : Les verbes en **-quer** gardent le *u* dans toute la conjugaison.

Comparaître, voir **connaître**

Complaire, voir **plaire**

Compléter, voir **céder**

Comprendre, voir **prendre**

Compromettre, voir **mettre**

Concevoir, voir **recevoir**

Conclure

Ind. prés.	je conclus, tu conclus, il conclut, nous concluons, vous concluez, ils concluent.
Imparf.	je concluais, nous concluions.
Passé s.	je conclus, nous conclûmes.
Futur s.	je conclurai.
Cond. prés.	je conclurais.
Impér. prés.	conclus, concluons, concluez.
Subj. prés.	que je conclue, que nous concluions.
Subj. imp.	que je conclusse, qu'il conclût, que nous conclussions.
Part. prés.	concluant.
Part. passé	conclu, conclue.

Se conjugue comme **conclure : exclure.**

Concourir, voir **courir**

Condescendre, voir **vendre**

Conduire

Ind. prés.	je conduis, tu conduis, il conduit, nous conduisons, vous conduisez, ils conduisent.
Imparf.	je conduisais.
Passé s.	je conduisis.
Futur s.	je conduirai.
Cond. prés.	je conduirais.
Impér. prés.	conduis, conduisons, conduisez.
Subj. prés.	que je conduise.
Subj. imp.	que je conduisisse, qu'il conduisît.
Part. prés.	conduisant.
Part. passé	conduit, conduite.

Se conjuguent sur **conduire : construire, cuire, déduire, détruire, éconduire, enduire, induire, instruire, introduire, produire, reconduire, réduire, reproduire, séduire, traduire.**

Confire

Confire se conjugue sur *suffire,* mais le participe passé de confire est *confit, confite.*

Confondre, voir **vendre**

Conjoindre, voir **craindre**

Connaître

Ind. prés.	je connais, tu connais, il connaît, nous connaissons, vous connaissez, ils connaissent.
Imparf.	je connaissais.
Passé s.	je connus.
Futur s.	je connaîtrai.
Cond. prés.	je connaîtrais.
Impér. prés.	connais, connaissons, connaissez.
Subj. prés.	que je connaisse.
Subj. imp.	que je connusse, qu'il connût.
Part. prés.	connaissant.
Part. passé	connu, connue.

Rem. : Les verbes en **-aître** et en **-oître** ont l'accent circonflexe sur l'*i*, chaque fois que ce *i* se trouve devant un *t*. Se conjuguent sur **connaître : apparaître, comparaître, disparaître, méconnaître, paître, paraître, reconnaître, reparaître.**

Conquérir, voir **acquérir**

Consentir, voir **sentir**

Construire, voir **conduire**

Contenir, voir **venir**

Contraindre, voir **craindre**

Convaincre, voir **vaincre**

Convenir, voir **venir**

Correspondre, voir **venir**

Corrompre, voir **rompre**

Coudre

Ind. prés.	je couds, tu couds, il coud, nous cousons, vous cousez, ils cousent.

Imparf. Je cousais.
Passé s. je cousis.
Futur s. je coudrai.
Cond. prés. je coudrais.
Impér. prés. couds, cousons, cousez.
Subj. prés. que je couse.
Subj. imp. que je cousisse, qu'il cousît.
Part. prés. cousant.
Part. passé cousu, cousue.
Se conjuguent sur **coudre : découdre, recoudre.**

Courir

Ind. prés. je cours, tu cours, il court, nous courons, vous courez, ils courent.
Imparf. je courais.
Passé s. je courus.
Futur s. je courrai.
Cond. prés. je courrais.
Impér. prés. cours, courons, courez.
Subj. prés. que je coure.
Subj. imp. que je courusse, qu'il courût.
Part. prés. courant.
Part. passé couru, courue.
Se conjuguent sur **courir : accourir, concourir, discourir, (s') encourir, parcourir, recourir, secourir.**
Rem. : **courir** n'a deux *r* qu'au fut. s. et au cond. prés.

Couvrir

Ind. prés. je couvre.
Imparf. je couvrais.
Passé s. je couvris.
Futur s. je couvrirai.
Cond. prés. je couvrirais.
Impér. prés. couvre, couvrons, couvrez.
Subj. prés. que je couvre.
Subj. impr. que je couvrisse, qu'il couvrît.
Part. prés. couvrant.
Part. passé couvert, couverte.
Se conjuguent sur **couvrir : découvrir, offrir, ouvrir, recouvrir, rouvrir, souffrir.**

Craindre

Ind. prés. je crains, tu crains, il craint, nous craignons, vous craignez, ils craignent.

Imparf. je craignais.
Passé s. je craignis.
Futur s. je craindrai.
Cond. prés. je craindrais.
Impér. prés. crains, craignons, craignez.
Subj. prés. que je craigne.
Subj. imp. que je craignisse, qu'il craignît.
Part. prés. craignant.
Part. passé craint, crainte.

Les verbes en **indre** changent *-nd* en *-gn* devant une voyelle. Tels sont : **adjoindre, astreindre, atteindre, ceindre, conjoindre, contraindre, craindre, dépeindre, déteindre, disjoindre, empreindre, enfreindre, enjoindre, éteindre, feindre, geindre, joindre, peindre, plaindre, rejoindre, repeindre, restreindre, reteindre, teindre**

Créer

Rem. : Les verbes en **-éer** gardent le *é* dans toute la conjugaison.

Croire

Ind. prés. je crois, tu crois, il croit, nous croyons, vous croyez, ils croient.
Imparf. je croyais... nous croyions...
Passé s. je crus.
Futur s. je croirai.
Cond. prés. je croirais.
Impér. prés. crois, croyons, croyez.
Subj. prés. que je croie, que tu croies, qu'il croie, que nous croyions, que vous croyiez, qu'ils croient.
Subj. imp. que je crusse, qu'il crût.
Part. prés. croyant.
Part. passé cru, crue.

Croître

Ind. prés. je croîs, tu croîs, il croît, nous croissons, vous croissez, ils croissent.
Imparf. je croissais.
Passé s. je crûs.
Futur s. je croîtrai.
Cond. prés. je croîtrais.
Impér. prés. croîs, croissons, croissez.

Subj. prés.	que je croisse.
Subj. imp.	que je crûsse, qu'il crût.
Part. prés.	croissant.
Part. passé	crû, crue (v. remarque à **devoir).**

Rem. : Accent circonflexe sur le *i* ou le *u* du radical chaque fois que les formes verbales peuvent être confondues avec celles du verbe *croire.* (L'Académie écrit : Que je crusse).

V. Remarque à **connaître.**

Se conjuguent sur **croître : accroître, décroître, recroître.**

Accroître et **décroître** n'ont pas l'accent circonflexe sur le *u* du part. passé.

Cueillir

Ind. prés.	je cueille, nous cueillons.
Imparf.	je cueillais, nous cueillions.
Passé s.	je cueillis.
Futur s.	je cueillerai.
Cond. prés.	je cueillerais.
Impér. prés.	cueille (cueilles-en), cueillons, cueillez.
Subj. prés.	que je cueille.
Subj. imp.	que je cueillisse, qu'il cueillît.
Part. prés.	cueillant.
Part. passé	cueilli, cueillie.

Cuire, voir **conduire.**

Débattre, voir **battre**

Décevoir, voir **recevoir**

Déchoir (v. défectif)

Ind. prés.	je déchois... nous déchoyons, ils déchoient.
Passé s.	je déchus.
Futur s.	je déchoirai (*anc. :* je décherrai).
Cond. prés.	je déchoirais (*anc. :* je décherrais).
Subj. prés.	que je déchoie, que nous déchoyions, qu'ils déchoient.
Subj. imp.	que je déchusse, qu'il déchût.
Part. passé	déchu, déchue.

Découdre, voir **coudre**

Découvrir, voir **couvrir**

Décrire, voir **écrire**

Décroître, voir **croître**
Rem. : Pas d'accent circonflexe sur le *u* du part. passé.

Déduire, voir **conduire**

Défaire, voir **faire**

Défendre, voir **vendre**

Démener (se), voir **mener**

Démentir, voir **sentir**

Démettre, voir **mettre**

Démordre, voir **vendre**

Départir, voir **sentir**

Dépeindre, voir **craindre**

Dépendre, voir **vendre**

Déplaire, voir **plaire**

Descendre, voir **vendre**

Desservir, voir **sentir**

Détendre, voir **vendre**

Détenir, voir **venir**

Détruire, voir **conduire**

Devenir, voir **venir**

Dévêtir, voir **vêtir**

Devoir

Ind. prés.	je dois, tu dois, il doit, nous devons, vous devez, ils doivent.
Imparf.	je devais.
Passé s.	je dus.
Futur s.	je devrai.
Cond. prés.	je devrais.
Impér. prés.	*(peu usité).*
Subj. prés.	que je doive.
Subj. imp.	que je dusse, qu'il dût.
Part. prés.	devant.
Part. passé	dû, due

Remarque : l'accent circonflexe sur l'*u* de *dû.* Comme pour

crû (part. passé du verbe *croître)* et pour *mû* (part. passé du verbe *mouvoir),* cet accent circonflexe n'existe qu'au masculin singulier.
Se conjugue sur **devoir : redevoir.**

Dialoguer

Rem. : Les verbes en **-guer** gardent le *u* dans toute la conjugaison.

Dire

Ind. prés.	je dis, tu dis, il dit, nous disons, vous dites, ils disent.
Imparf.	je disais.
Passé s.	je dis, tu dis, il dit, nous dîmes, vous dîtes, ils dirent.
Futur s.	je dirai.
Cond. prés.	je dirais.
Impér. prés.	dis, disons, dites.
Subj. prés.	que je dise.
Subj. imp.	que je disse, qu'il dît.
Part. prés.	disant.
Part. passé	dit, dite.

Redire se conjugue comme **dire.**

Mais contredire, dédire, interdire, médire et prédire ont à la 2ᵉ pers. du pluriel de l'indicatif présent la forme *-disez : vous contredisez, vous dédisez, vous interdisez, vous médisez, vous prédisez.* La même forme à l'impératif présent.
Le part. passé *médit* n'a pas de féminin.

Disconvenir, voir **venir**

Disjoindre, voir **craindre**

Disparaître, voir **connaître**

Dissoudre, voir **absoudre**

Distraire, voir **traire**

Dormir, voir **sentir**

Echoir (v. défectif)

Il ne s'emploie qu'aux formes suivantes :

Ind. prés.	il échoit, ils échoient.
Passé s.	il échut.
Futur s.	il échoira, ils échoiront.
Cond. prés.	il échoirait, ils échoiraient.

Part. prés. échéant.
Part. passé échu, échue.
En terme juridique : il échet.

Eclore (v. défectif)
Il ne s'emploie qu'aux formes suivantes :
Ind. prés. il éclot, ils éclosent.
Futur s. il éclora, ils écloront.
Cond. prés. il éclorait, ils écloraient.
Subj. prés. qu'il éclose, qu'ils éclosent.
Part. passé éclos, éclose.

Econduire, voir **conduire**

Ecrire
Ind. prés. j'écris, tu écris, il écrit, nous écrivons, vous écrivez, ils écrivent.
Impärf. j'écrivais.
Passé s. j'écrivis.
Futur s. j'écrirai.
Cond. prés. j'écrirais.
Impér. prés. écris, écrivons, écrivez.
Subj. prés. que j'écrive.
Subj. imp. que j'écrivisse, qu'il écrivît.
Part. prés. écrivant.
Part. passé écrit, écrite.
Se conjuguent sur **écrire : décrire, inscrire, prescrire, proscrire, récrire, souscrire, transcrire.**

Elever, voir **mener**

Elire, voir **lire**

Emettre, voir **mettre**

Emmener, voir **mener**

Emouvoir, voir **mouvoir**
Rem. : Le part. passé *ému* n'a pas l'accent circonflexe.

Employer
Y devient *i* devant un *e* muet

Encourir (s'), voir **courir**

Endormir, voir **sentir**

Enduire, voir **conduire**

Enfreindre, voir **craindre**

Enfuir (s'), voir **fuir**

Enjoindre, voir **craindre**

Enlever, voir **mener**

Ennuyer, voir **employer**

Enquérir (s'), voir **acquérir**

Ensuivre (s') (v. défectif) voir **suivre**

Il est employé seulement à l'infinitif et aux troisièmes personnes du singulier.

Entendre, voir **vendre**

Entremettre (s'), voir **mettre**

Entreprendre, voir **prendre**

Entretenir, voir **venir**

Entrevoir, voir **voir**

Entrouvrir, voir **couvrir**

Envoyer, voir **employer**

On écrit *j'enverrai.*

Epandre, voir **vendre**

Eprendre (s'), voir **prendre**

Equivaloir

Se conjugue comme **valoir ;** le participe passé *équivalu* n'a pas de féminin.

Espérer, voir **céder**

Essuyer, voir **employer**

Eteindre, voir **craindre**

Etendre, voir **vendre**

Exclure, voir **conclure**

Extraire, voir **traire**

Faillir (v. défectif)

Il est employé seulement :

— au passé simple : je faillis,...

— au futur s. : je faillirai,...
— au cond. prés. : je faillirais,...
— au temps composés : j'ai failli, j'aurais failli, etc.
Dans le sens de *faire faillite,* faillir est régulier.

Faire

Ind. prés.	je fais, tu fais, il fait, nous faisons, vous faites, ils font.
Imparf.	je falsais.
Passé s.	je fis.
Futur s.	je ferai.
Cond. prés.	je ferais.
Impér. prés.	fais, faisons, faites.
Subj. prés.	que je fasse.
Subj. imp.	que je fisse, qu'il fît.
Part. prés.	faisant.
Part. passé	fait, faite.

Se conjuguent sur **faire : contrefaire, défaire, refaire, satisfaire.**
Forfaire et **Parfaire** sont défectifs.
Il ne s'emploient qu'à l'infinitif et aux temps composés.

Falloir (v. impersonnel)
Il n'est usité qu'à l'infinitif et à la 3e personne du singulier.

Ind. prés.	il faut.
Imparf.	il fallait.
Passé s.	il fallut.
Futur s.	il faudra.
Cond. prés.	il faudrait.
Subj. prés.	qu'il faille.
Subj. imp.	qu'il fallût.
Part. prés.	*inusité.*
Part. passé	fallu (sans féminin).

Feindre, voir **craindre**

Fendre, voir **vendre**

Férir
Ce verbe n'est employé que dans *sans coup férir* (frapper) et qu'au part. passé *féru, férue.*

Fleurir, voir **finir**
Rem. : Au sens de « prospérer », on a les formes *florissant, il florissait*

Fondre, voir **vendre**

Forfaire, voir **faire**

Frire (v. défectif)

Ind. prés.	je fris, tu fris, il frit, (sans pluriel).
Futur s.	je frirai (on dit plus souvent : je ferai frire).
Cond. prés.	je frirais (je ferais frire).
Part. passé	frit, frite.

Aux formes qui manquent, on conjugue le verbe *faire* suivi de l'infinitif *frire.* Exemple : nous faisons frire, je faisais frire, je fis frire, etc.

Fuir

Ind. prés.	je fuis, tu fuis, il fuit, nous fuyons, vous fuyez, ils fuient.
Imparf.	je fuyais,... nous fuyions...
Passé s.	je fuis,... nous fuîmes,...
Futur s.	je fuirai.
Cond. prés.	je fuirais.
Impér. prés.	fuis, fuyons, fuyez.
Subj. prés.	que je fuie,... que nous fuyions,...
Subj. imp.	que je fuisse, qu'il fuît.
Part. prés.	fuyant.
Part. passé	fui, fuie.

Se conjugue sur **fuir : s'enfuir.**

Geindre, voir **craindre**

Gésir (v. défectif)

Il ne s'emploie qu'au présent et à l'imparfait de l'indicatif et au participe présent.

Ind. prés.	je gis, tu gis, il gît, nous gisons, vous gisez, ils gisent.
Imparf.	je gisais.
Part. prés.	gisant.

Rem. : *Ci-gît,* (ici est couché).

Haïr

Ind. prés.	je hais, tu hais, il hait, nous haïssons, vous haïssez, ils haïssent.
Imparf.	je haïssais.
Passé s.	je haïs *(rare)*
Futur s.	je haïrai.
Cond. prés.	je haïrais.
Impér. prés.	hais, haïssons, haïssez.
Subj. prés.	que je haïsse.
Subj. imp.	que je haïsse, qu'il haït *(rare).*

Part. prés.	haïssant.
Part. passé	haï, haïe.

Inclure, voir **conclure**

Rem. : Part. passé ; *inclus, incluse.*

Induire, voir **conduire**

Inscrire, voir **écrire**

Instruire, voir **conduire**

Interdire, voir **dire**

Rem. : Ind. prés. et Impér. prés. : *(vous) interdisez.*

Interrompre, voir **rompre**

Intervenir, voir **venir**

Introduire, voir **conduire**

Jeter

On peut écrire : *je jette* ou *je jète*

Joindre, voir **craindre**

Lever, voir **mener**

Lire

Ind. prés.	je lis, nous lisons.
Imparf.	je lisais.
Passé s.	je lus.
Futur s.	je lirai.
Cond. prés.	je lirais.
Impér. prés.	lis, lisons, lisez.
Subj. prés.	que je lise.
Subj. Imp.	que je lusse, qu'il lût.
Part. prés.	lisant.
Part. passé	lu, lue.

Se conjuguent sur **lire : élire, réélire, relire.**

Luire

Ind. prés.	je luis,... nous luisons,...
Imparf.	je luisais.
Passé s.	je luisis *(peu usité).*
Futur s.	je luirai.
Cond. prés.	je luirais.
Impér. prés.	*inusité.*
Subj. prés.	que je luise.

Subj. imparf.	que je luisisse *(peu usité).*
Part. prés.	luisant.
Part. passé	lui *(sans féminin).*

Se conjuguent sur **luire : nuire** et **reluire.**

Maintenir, voir **venir**

Maudire

Ind. prés.	je maudis, tu maudis, il maudit, nous maudissons, vous maudissez, ils maudissent.
Imparf.	je maudissais.
Passé s.	je maudis.
Futur s.	je maudirai.
Cond. prés.	je maudirais.
Impér. prés.	maudis, maudissons, maudissez.
Subj. prés.	que je maudisse.
Subj. imp.	que je maudisse, qu'il maudît.
Part. prés.	maudissant.
Part. passé	maudit, maudite.

Méconnaître, voir **connaître**

Médire, voir **dire**

Rem. : Ind. prés. et Impér. prés. : (vous) *médisez ;* part. passé *médit* (sans féminin).

Mener

Attention à l'accent grave : *je mène, nous menons*

Mentir, voir **sentir**

Rem. : Le part. passé *menti* n'a pas de féminin.

Mettre

Ind. prés.	je mets, tu mets, il met, nous mettons, vous mettez, ils mettent.
Imparf.	je mettais.
Passé s.	je mis.
Futur s.	je mettrai.
Cond. prés.	je mettrais.
Impér. prés.	mets, mettons, mettez.
Subj. prés.	que je mette.
Subj. imp.	que je misse, qu'il mît.
Part. prés.	mettant.
Part. passé	mis, mise.

Se conjuguent sur **mettre : admettre, commettre, compromettre, démettre, émettre, s'entremettre, omettre, permettre, promettre, remettre, soumettre, transmettre.**

Mordre, voir **vendre**

Moudre

Ind. prés.	je mouds, tu mouds, il moud, nous moulons, vous moulez, ils moulent.
Imparf.	je moulais.
Passé s.	je moulus.
Futur s.	je moudrai.
Cond. prés.	je moudrais.
Impér. prés.	mouds, moulons, moulez.
Subj. prés.	que je moule.
Subj. imp.	que je moulusse, qu'il moulût.
Part. prés.	moulant.
Part. passé	moulu, moulue.

Se conjugue sur **moudre : remoudre.**

Mourir

Ind. prés.	je meurs, tu meurs, il meurt, nous mourons, vous mourez, ils meurent.
Imparf.	je mourais.
Passé s.	je mourus.
Futur s.	je mourrai.
Cond. prés.	je mourrais.
Impér. prés.	meurs, mourons, mourez.
Subj. prés.	que je meure,... que nous mourions,...
Subj. imp.	que je mourusse, qu'il mourût.
Part. prés.	mourant.
Part. passé	mort, morte.

Le verbe **mourir** se conjugue avec l'auxiliaire *être* aux temps composés.

Mourir n'a deux *r* qu'au fut. s. et au cond. prés.

Mouvoir

Ind. prés.	je meus, tu meus, il meut, nous mouvons, vous mouvez, ils meuvent.
Imparf.	je mouvais.
Passé s.	je mus.
Futur s.	je mouvrai.
Cond. prés.	je mouvrais.
Impér. prés.	meus, mouvons, mouvez.
Subj. prés.	que je meuve, que nous mouvions,...
Subj. imp.	que je musse, que nous mussions, (rare)
Part. prés.	mouvant.
Part. passé	mû, mue (v. remarque à **devoir).**

Naître

Ind. prés.	je nais, tu nais, il naît, nous naissons, vous naissez, ils naissent.
Imparf.	je naissais.
Passé s.	je naquis.
Futur s.	je naîtrai.
Cond. prés.	je naîtrais.
Impér. prés.	nais, naissons, naissez.
Subj. prés.	que je naisse.
Subj. imp.	que je naquisse, qu'il naquît.
Part. prés.	naissant.
Part. passé	né, née.

Le verbe **renaître** n'a pas de participe passé, donc pas de temps composés.

Nettoyer, voir **employer**

Nuire, voir **luire**

Rem. : Le part. passé *nui* n'a pas de féminin.

Obtenir, voir **venir**

Offrir, voir **couvrir**

Oindre (v. défectif)

Il n'est plus employé qu'à l'infinitif et au participe passé : *oint, ointe.*

Omettre, voir **mettre**

Ouïr (v. défectif)

Ce verbe n'est employé qu'à l'infinitif et au part. passé : *ouï, ouïe (Il a ouï dire).*

Ouvrir, voir **couvrir.**

Paître (v. défectif), voir **connaître**

Le passé simple, le subjonctif imparfait et le participe passé (et tous les temps composés) manquent.

Paraître, voir **connaître**

Parcourir, voir **courir**

Parfaire, voir **faire**

Parsemer, voir **mener**

Partager

Rem. : Les verbes en **-ger** prennent un *e* après le *g* quand *g* est suivi d'un *a* ou d'un *o*

Partir, voir **sentir**

Parvenir, voir **venir**

Payer, voir **employer**

Peindre, voir **craindre**

Percevoir, voir **recevoir**

Perdre, voir **vendre**

Permettre, voir **mettre**

Peser, voir **mener**

Plaindre, voir **craindre**

Plaire

Ind. prés.	je plais, tu plais, il plaît, nous plaisons, vous plaisez, ils plaisent.
Imparf.	je plaisais.
Passé s.	je plus.
Futur s.	je plairai.
Cond. prés.	je plairais.
Impér. prés.	plais, plaisons, plaisez.
Subj. prés.	que je plaise.
Subj. imp.	que je plusse, qu'il plût.
Part. prés.	plaisant.
Part. passé	plu *(sans féminin).*

Complaire, déplaire et **plaire** ont également l'accent circonflexe sur le *i* à la 3e personne du singulier de l'indicatif présent.

Pleuvoir (v. impersonnel)

Ind. prés.	il pleut.
Imparf.	il pleuvait.
Passé s.	il plut.
Futur s.	il pleuvra.
Cond. prés.	il pleuvrait.
Impér. prés.	*(inusité).*
Subj. prés.	qu'il pleuve.
Subj. imp.	qu'il plût.
Part. prés.	pleuvant.
Part. passé	plu *(sans féminin).*

Pondre, voir **vendre**

Poursuivre, voir **suivre**

Pourvoir, voir **voir**

Au futur s. : je pourvoirai ; au conditionnel prés. : je pourvoirais ; au passé simple : je pourvus ; au subjonctif imparfait : que je pourvusse.

Pouvoir

Ind. prés.	je peux (*ou* je puis), tu peux, il peut, nous pouvons, vous pouvez, ils peuvent.
Imparf.	je pouvais.
Passé s.	je pus.
Futur s.	je pourrai.
Cond. prés.	je pourrais.
Impér. prés.	*(inusité).*
Subj. prés.	que je puisse.
Subj. imp.	que je pusse, qu'il pût.
Part. prés.	pouvant.
Part. passé	pu (*sans féminin*).

Prédire, voir **dire**

Rem. : Ind. prés. et Impér. prés. *(vous) prédisez.*

Prélever, voir **mener**

Prendre

Ind. prés.	je prends, tu prends, il prend, nous prenons, vous prenez, ils prennent.
Imparf.	je prenais.
Passé s.	je pris.
Futur s.	je prendrai.
Cond. prés.	je prendrais.
Impér. prés.	prends, prenons, prenez.
Subj. prés.	que je prenne.
Subj. imp.	que je prisse, qu'il prît.
Part. prés.	prenant.
Part. passé	pris, prise.

Se conjuguent sur **prendre : apprendre, comprendre, (se) méprendre, entreprendre, s'éprendre, reprendre, surprendre.**

Prescrire, voir **écrire**

Pressentir, voir **sentir**

Prétendre, voir **vendre**

Prévaloir, voir **valoir**

Rem. : Au subj. prés. : que je prévale, que tu prévales,... que nous prévalions,...
Le participe passé, *prévalu* n'a pas de féminin.

Prévenir, voir **venir**

Prévoir, voir **voir**

Rem. : Au futur s. : je prévoirai, tu prévoiras, il prévoira, nous prévoirons, vous prévoirez, ils prévoiront ; et au conditionnel prés. : je prévoirais, tu prévoirais, il prévoirait, nous prévoirions, vous prévoiriez, ils prévoiraient.

Produire, voir **conduire**

Promettre, voir **mettre**

Promouvoir, voir **mouvoir**

Rem. : Il n'est employé qu'aux temps composés, à l'infinitif et au participe présent.
Le participe passé, *promu,* n'a pas l'accent circonflexe.

Proscrire, voir **écrire**

Provenir, voir **venir**

Rasseoir, voir **asseoir**

Rem. : On écrit : Un pain *rassis.*

Recevoir

Ind. prés.	je reçois, tu reçois, il reçoit, nous recevons, vous recevez, ils reçoivent.
Imparf.	je recevais.
Passé s.	je reçus.
Futur s.	je recevrai.
Cond. prés.	je recevrais.
Impér. prés.	reçois, recevons, recevez.
Subj. prés.	que je reçoive.
Subj. imp.	que je reçusse, qu'il reçût.
Part. prés.	recevant.
Part. passé	reçu, reçue.

Se conjuguent sur **recevoir : apercevoir, concevoir, décevoir, percevoir.**

Réduire, voir **conduire**

Réécrire (ou **récrire**) voir **écrire**

Rejoindre, voir **craindre**

Rendre, voir **vendre**

Repentir (se), voir **sentir**

Répéter, voir **céder**
Attention aux accents : *je répète, nous répétons.*

Répondre, voir **vendre**

Reprendre, voir **pendre**

Reproduire, voir **conduire**

Requérir, voir **acquérir**

Résoudre, voir **absoudre**
Rem. : Le participe passé de résoudre est *résous, résoute* (de la vapeur résoute en eau) et *résolu, résolue* (un problème résolu). Les passé simple et subj. imparf. de **dissoudre** et de **résoudre** sont d'un emploi courant.

Ressortir, voir **sentir**
Ressortir : sortir de nouveau.
Ressortir *(d'une juridiction)* et **assortir** se conjuguent comme finir.

Restreindre, voir **craindre**

Retenir, voir **venir**

Retendre, voir **vendre**

Rire

Ind. prés.	je ris, tu ris, il rit, nous rions, vous riez, ils rient.
Imparf.	je riais, nous riions.
Passé s.	je ris.
Futur s.	je rirai.
Cond. prés.	je rirais.
Imper. prés.	ris, rions, riez.
Subj. prés.	que je rie,... que nous riions,...
Subj. imp.	que je risse.
Part. prés.	riant.
Part. passé	ri *(sans féminin).*

Se conjugue sur rire : **sourire.**

Rompre

Ind. prés.	je romps, tu romps, il rompt, nous rompons, vous rompez, ils rompent.
Imparf.	je rompais.
Passé s.	je rompis.
Futur s.	je romprai.
Cond. prés.	je romprais.
Impér. prés.	romps, rompons, rompez.
Subj. prés.	que je rompe.
Subj. imp.	que je rompisse, qu'il rompît.
Part. prés.	rompant.
Part. passé	rompu, rompue.

Se conjuguent sur **rompre : corrompre** et **interrompre.**

Satisfaire, voir **faire**

Savoir

Ind. prés.	je sais, tu sais, il sait nous savons, vous savez, ils savent.
Imparf.	je savais.
Passé s.	je sus.
Futur s.	je saurai.
Cond. prés.	je saurais.
Impér. prés.	sache, sachons, sachez.
Subj. prés.	que je sache.
Subj. imp.	que je susse, qu'il sût.
Part. prés.	sachant.
Part. passé	su, sue.

Sécher, voir **céder**

Secourir, voir **courir**

Séduire, voir **conduire**

Semer, voir **mener**

Sentir

Ind. prés.	je sens, tu sens, il sent, nous sentons, vous sentez, ils sentent.
Imparf.	je sentais.
Passé s.	je sentis.
Futur s.	je sentirai.
Cond. prés.	je sentirais.
Impér. prés.	sens, sentons, sentez.
Subj. prés.	que je sente.

Subj. imp. que je sentisse, qu'il sentît.
Part. prés. sentant.
Part. passé senti, sentie.

Se conjuguent sur **sentir : consentir, démentir, départir, desservir, dormir, endormir, mentir, partir, pressentir, rendormir, repartir, se repentir, ressentir, resservir, ressortir, servir, sortir.**

Le part. passé de *mentir* n'a pas de féminin.

Seoir (v. défectif)

a) Quand *seoir* signifie être assis, seuls s'emploient encore le participe présent *séant* et le participe passé *sis* (dans le sens de *siéger,* être situé).

b) Quand *seoir* signifie convenir, il s'emploie aux troisièmes personnes :

Ind. prés. il sied, ils siéent.
Imparf. il seyait, ils seyaient.
Futur s. il siéra, ils siéront.
Cond. prés. il siérait, ils siéraient.
Part. prés. seyant.

L'emploi impersonnel de ce verbe est fréquent.

Servir, voir **sentir**

Sortir, voir **sentir**

Souffrir, voir **couvrir**

Soulever, voir **mener**

Soumettre, voir **mettre**

Sourire, voir **rire**

Souscrire, voir **écrire**

Soustraire, voir **traire**

Soutenir, voir **venir**

Souvenir (se), voir **venir**

Subvenir, voir **venir**

Suffire

Ind. prés. je suffis, tu suffis, il suffit, nous suffisons, vous suffisez, ils suffisent.
Imparf. je suffisais.

Passé s.	je suffis.
Futur s.	je suffirai.
Cond. prés.	je suffirais.
Impér. prés.	suffis, suffisons, suffisez.
Subj. prés.	que je suffise.
Subj. imp.	que je suffisse, qu'il suffit.
Part. prés.	suffisant.
Part. passé	suffi *(sans féminin)*.

Suivre

Ind. prés.	je suis, tu suis, il suit, nous suivons, vous suivez, ils suivent.
Imparf.	je suivais.
Passé s.	je suivis.
Futur s.	je suivrai.
Cond. prés.	je suivrais.
Impér. prés.	suis, suivons, suivez.
Subj. prés.	que je suive.
Subj. imp.	que je suivisse, qu'il suivît.
Part. prés.	suivant.
Part. passé	suivi, suivie.

Se conjuguent sur **suivre : s'ensuivre** et **poursuivre.**

Surseoir

Ind. prés.	Je sursois, tu sursois, il sursoit, nous sursoyons, vous sursoyez, ils sursoient.
Imparf.	je sursoyais.
Passé s.	je sursis.
Futur s.	je surseoirai.
Cond. prés.	je surseoirais.
Impér. prés.	sursois, sursoyons, sursoyez.
Subj. prés.	que je sursoie, que nous sursoyions.
Subj. imp.	que je sursisse, qu'il sursît.
Part. prés.	sursoyant.
Part. passé	sursis *(sans féminin)*.

Survenir, voir **venir**

Survivre, voir **vivre**

Surprendre, voir **prendre**

Suspendre, voir **vendre**

Taire (se)

Ind. prés.	je me tais, tu te tais, il se tait *(sans accent circonflexe)*, nous nous taisons, vous vous taisez, ils se taisent.
Imparf.	je me taisais.
Passé s.	je me tus.
Futur s.	je me tairai.
Cond. prés.	je me tairais.
Impér. prés.	tais-toi, taisons-nous, taisez-vous.
Subj. prés.	que je me taise.
Subj. imp.	que je me tusse, qu'il se tût.
Part. prés.	se taisant.
Part. passé	tu, tue.

Teindre, voir **craindre**

Tendre, voir **vendre**

Tenir, voir **venir**

Tondre, voir **vendre**

Tordre, voir **vendre**

Traduire, voir **conduire**

Traire (v. défectif)

Ind. prés.	je trais, tu trais, il trait, nous trayons, vous trayez, ils traient.
Imparf.	je trayais
Passé s.	*(inusité).*
Futur s.	je trairai.
Cond. prés.	je trairais.
Impér. prés.	trais, trayons, trayez.
Subj. prés.	que je traie,... que nous trayions,...
Subj. imp.	*(inusité).*
Part. prés.	trayant.
Part. passé	trait, traite

Se conjuguent sur **traire : abstraire, distraire, extraire, soustraire.**

Transcrire, voir **écrire**

Transmettre, voir **mettre**

Transparaître, voir **connaître**

Vaincre

Ind. prés. je vaincs, tu vaincs, il vainc, nous vainquons, vous vainquez, ils vainquent.
Imparf. je vainquais.
Passé s. je vainquis.
Futur s. je vaincrai.
Cond. prés. je vaincrais.
Impér. prés. vaincs, vainquons, vainquez.
Subj. prés. que je vainque.
Subj. imp. que je vainquisse, qu'il vainquît.
Part. prés. vainquant.
Part. passé vaincu, vaincue.
Se conjugue sur **vaincre : convaincre**

Valoir

Ind. prés. je vaux, tu vaux, il vaut, nous valons, vous valez, ils valent.
Imparf. je valais.
Passé s. je valus.
Futur s. je vaudrai.
Cond. prés. je vaudrais.
Impér. prés. *(rarement employé)* vaux, valons, valez.
Subj. prés. que je vaille, que tu vailles, qu'il vaille, que nous valions, que vous valiez, qu'ils vaillent.
Subj. imp. que je valusse, qu'il valût.
Part. prés. valant.
Part. passé valu, value.

Vendre

Ind. prés. je vends, tu vends, il vend, nous vendons, vous vendez, ils vendent.
Imparf. je vendais.
Passé s. je vendis.
Futur s. je vendrai.
Cond. prés. je vendrais.
Impér. prés. vends, vendons, vendez.
Subj. prés. que je vende.
Subj. imp. que je vendisse, qu'il vendît.
Part. prés. vendant.
Part. passé vendu, vendue.
Rem. : Les verbes en **-dre** gardent le **d** à l'indic. prés.
Se conjuguent sur **vendre : attendre, condescendre, confondre, correspondre, défendre, démordre, dépendre, descendre, détendre, entendre, épandre, étendre,**

fendre, fondre, mordre, prendre, perdre, pondre, prétendre, refondre, rendre, répandre, rependre, reperdre, répondre, retendre, suspendre, tendre, tondre, tordre.

Venir

Ind. prés.	je viens, tu viens, il vient, nous venons, vous venez, ils viennent.
Imparf.	je venais.
Passé s.	je vins.
Futur s.	je viendrai.
Cond. prés.	je viendrais.
Impér. prés.	viens, venons, venez.
Subj. prés.	que je vienne.
Subj. imp.	que je vinsse, qu'il vînt.
Part. prés.	venant.
Part. passé	venu, venue.

Se conjuguent sur **venir : s'abstenir, advenir, appartenir, contenir, convenir, détenir, devenir, disconvenir, entretenir, intervenir, maintenir, obtenir, parvenir, prévenir, provenir, retenir, revenir, soutenir, se souvenir, subvenir, survenir, tenir.**

Vêtir

Ind. prés.	je vêts, tu vêts, il vêt, nous vêtons, vous vêtez, ils vêtent.
Imparf.	je vêtais.
Passé s.	je vêtis.
Futur s.	je vêtirai.
Cond. prés.	je vêtirais.
Impér. prés.	vêts, vêtons, vêtez.
Subj. prés.	que je vête.
Subj. imp.	que je vêtisse, qu'il vêtît.
Part. prés.	vêtant.
Part. passé	vêtu, vêtue.

Se conjuguent sur **vêtir : dévêtir, revêtir.**

Vivre

Ind. prés.	je vis, tu vis, il vit, nous vivons, vous vivez, ils vivent.
Imparf.	je vivais.
Passé s.	je vécus.
Futur s.	je vivrai
Cond. prés.	je vivrais.
Impér. prés.	vis, vivons, vivez.

Subj. prés.	que je vive.
Subj. imp.	que je vécusse, qu'il vécût.
Part. prés.	vivant.
Part. passé	vécu, vécue.

Se conjuguent sur **vivre : revivre, survivre.**

Voir

Ind. prés.	je vois, tu vois, il voit, nous voyons, vous voyez, ils voient.
Imparf.	je voyais.
Passé s.	je vis.
Futur s.	je verrai.
Cond. prés.	je verrais.
Impér. prés.	vois, voyons, voyez.
Subj. prés.	que je voie, que tu voies, qu'il voie, que nous voyions, que vous voyiez, qu'ils voient.
Subj. imp.	que je visse, qu'il vît.
Part. prés.	voyant.
Part. passé	vu, vue.

Se conjuguent sur **voir : entrevoir** et **revoir.**

Voici, voilà, présentatifs (pour *vois ici, vois là)*

On écrit : *Ne voilà-t-il pas qu'il se met à se plaindre ?*

Vouloir

Ind. prés.	je veux, tu veux, il veut, nous voulons, vous voulez, ils veulent.
Imparf.	je voulais.
Passé s.	je voulus.
Futur s.	je voudrai.
Cond. prés.	je voudrais.
Impér. prés.	veuille, veuillons, veuillez.
Subj. prés.	que je veuille, que tu veuilles, qu'il veuille, que nous voulions, que vous vouliez, qu'ils veuillent.
Subj. imp.	que je voulusse, qu'il voulût.
Part. prés.	voulant.
Part. passé	voulu, voulue.

On écrit : Ne m'en veux/voulez pas.

Les accords

Accord du verbe

1. Le verbe s'accorde en nombre et en personne avec le sujet

Le voisin a téléphoné. Les voisins partent.
Partez-vous demain ? Je m'en vais.

Remarque

Le sujet peut être isolé par **c'est ... qui.**

A la 3e personne, il peut être remplacé par **il(s), elle(s)**

Je, tu, il(s) sont toujours sujets.

C'est ***la femme*** *qui a été élue.* ***Elle*** *a été élue.* ***Je sais.***

2. Un seul sujet

	Accord du verbe
C'est (*c'est* + nom ou pronom)	Singulier ou pluriel *C'est moi.* *C'est eux. Ce sont eux.* *C'est les voisins dont on a parlé.* *Ce sont mes amies.*
Une foule de, **une part(ie) de,** **un paquet de,** **une troupe de** (*un* + nom collectif pluriel)	Singulier (si on considère l'en-semble) *Une partie des invités est dans l'autre salle.* Pluriel (si on considère chacun des éléments) *Une foule de gens te le diront.*

	Accord du verbe
La foule de + nom collectif pluriel	Singulier. *La foule des invités a applaudi.*
Un tiers de, **une dizaine de,** **une douzaine de** (*fraction* ou *numéral singulier* + nom)	Singulier (si on considère l'en-semble) *Un tiers des participants a payé.* Pluriel (si on considère chacun des éléments) *Une dizaine de livres ont été vendus.*
Deux tiers de, **deux douzaines de** (*fraction* ou *numéral pluriel* + nom)	Pluriel *Deux tiers des participants ont payé.*
Beaucoup de, **nombre de, peu de** (*adverbe de quantité* + nom)	Singulier (si l'adverbe est suivi d'un nom singulier) *Beaucoup de courage sera nécessaire.* Pluriel (si l'adverbe est suivi d'un nom pluriel) *Beaucoup de gens s'en vont.* *Bon nombre (de gens) s'en vont.*
La plupart	Pluriel *La plupart des gens s'en vont.*
Moins de deux	Pluriel *Moins de deux minutes se sont écoulées.*
Plus d'un	Singulier *Plus d'une minute s'est écoulée.*
Qui	Singulier ou pluriel (suivant le nombre de l'antécédent) *Les gens qui s'en vont.* *Le voisin qui s'en va.* *Qui part ?*
Un(e) de... **Un(e) de ces ... qui**	Pluriel (généralement) *Une des choses qui ont marqué mon enfance...*
Une phrase	Singulier (le participe passé sera au masculin) *Que la fête eut lieu est considéré comme un exploit.*

3. Plusieurs sujets

	Accord du verbe
Lui, toi et moi, **toi et moi,** **nous et vous,** **eux et toi,...** (personnes différentes)	Pluriel (la 1re personne a la priorité sur la 2e et la 3e, la 2e personne a la priorité sur la 3e) *Toi et moi, nous lirons.* *Elle et toi, vous écrirez.*
Noms coordonnés par **et**	Pluriel *Une lettre et une signature suffiront.* *L'une et l'autre se disent (se dit).*
Noms coordonnés par **ou/ni**	Pluriel (si on additionne les éléments) *Ni la fortune, ni la gloire ne suffisaient.* *La fortune ou la gloire ne suffisaient pas.* Accord avec le dernier nom (si on exclut un élément) *Ni lui, ni Florence ne doit venir.*
Noms coordonnés par **ainsi que, avec, comme,...**	Pluriel (si on additionne les éléments) *Didier ainsi que Florence sont venus.* Accord avec le premier nom (si on n'additionne pas les éléments) *Didier, avec son chien, se promenait.*
Noms coordonnés par **moins que, (et) non pas, plutôt que,...**	Accord avec le premier nom *Didier, plutôt que Florence, écrira le résumé.*
Noms, synonymes, en gradation ou résumés par un mot	Accord avec le dernier élément *La difficulté, l'épreuve n'a pas épargné cette famille.* *Un mot, un bruit, tout le dérange.*

Accord de l'attribut du sujet

	Accord de l'attribut
L'attribut est un *adjectif*	Accord en genre et en nombre avec le(s) sujet(s) *Sa veste est noire.* *Ses idées restent claires.* *Elle et moi nous sommes intrigués.* - Si le sujet est **qui** ou **on**, l'accord se fera avec les représentants de **qui** ou de **on**. *On sera content(e)(s).* *Qui est prêt(e) ?* - Si le sujet est un *infinitif* l'accord se fera au masculin singulier. *Voyager est intéressant.* - S'il s'agit d'une *phrase impérative*, l'accord se fera avec les représentants de la personne grammaticale. *Soyez attentif(s).* *Soyez attentive(s).*
L'attribut est un *nom* (avec ou sans déterminant)	Parfois, accord en genre et en nombre avec le(s) sujet(s). *Anne est (une) musicienne.* *Ils deviendront couturiers.* *Cet animal est une taupe.* *Cette bête est un rat.* *Ces phrases sont un ensemble.*

Remarques

1) Avec **avoir l'air**, l'accord se fera souvent avec le nom sujet, parfois avec *air*.
Elle a l'air gentille (gentil).

2) Si **nous** et **vous** remplacent **je** et **tu**, l'attribut (ou le part. passé) sera au singulier.
Êtes-vous contente ?

Accord de l'attribut du complément direct

Généralement, l'accord se fera en genre et en nombre avec le nom complément direct.

Il les avait trouvées trop petites.
On l'a élue présidente.

Remarque

Les verbes **admettre comme, appeler, considérer comme, croire, désigner pour, élire, établir, faire, juger, nommer, préférer, proclamer, regarder comme, rendre, savoir, souhaiter, traiter de, trouver, voir**... peuvent être suivis d'un attribut du complément direct.

Il croit cette encyclopédie intéressante.

Accord des participes passés

1. Participe passé employé sans auxiliaire

En général, le participe passé employé sans auxiliaire s'accorde, comme un adjectif, en genre et en nombre avec le nom ou le pronom qu'il accompagne.

Des fiches écrites à la main. Une page déchirée.

Participe passé	*Accord du participe passé*
Approuvé, attendu, certifié, compris (non compris, y compris), entendu, excepté, reçu supposé, vu,... précédant le nom	Invariable *Reçu la somme de mille francs.* *Excepté la grand-mère, ils sont tous partis.*
suivant le nom	Variable *Taxes comprises.*
Ci-annexé, ci-joint, ci-inclus précédant le nom	Invariable (peut être variable s'il précède un déterminant suivi d'un nom à l'intérieur d'une phrase) *Ci-joint (la) copie de la lettre.* *Vous trouverez ci-joint(e) la copie.*
suivant le nom	Variable *Voir la lettre ci-jointe.*
Étant donné, fini, passé, précédant le nom	Invariable (ou variable) *Étant donné(es) les circonstances.* *Fini(es) les vacances.* *Passé dix heures.* *Passé la porte.*

2. Participe passé employé avec l'auxiliaire *être*

En général, le participe passé employé avec l'auxiliaire **être** s'accorde en genre et en nombre avec le sujet.

Une amie est venue. Ils sont partis.
Les portes sont repeintes. On est sorti(e)(s) ensemble.

3. Participe passé employé avec l'auxiliaire *avoir*

Participe passé	***Accord du participe passé***
sans complément direct	Invariable *Elle a écrit.*
suivi d'un complément direct	Invariable *Elle a écrit une lettre.*
précédé d'un complément direct	Variable (accord en genre et en nombre avec le complément direct) *Cette lettre, il l'a écrite.* *Quels tiroirs avez-vous fermés ?*
précédé de **en**, complément direct	Invariable *Des pommes, j'en ai mangé.*
précédé de **l'**, complément direct remplaçant une phrase	Invariable *La lettre est mieux écrite que je ne l'avais imaginé.*
précédé d'un pronom complément direct et suivi d'un infinitif	Variable si le pronom ou son représentant est le sujet du verbe à l'infinitif. *La Castafiore, je l'ai entendue chanter.* (= J'ai entendu cela : la Castafiore (= l') chantait.)
	Invariable si le pronom ou son représentant n'est pas le sujet du verbe à l'infinitif. *Ces chansons, je les ai entendu fredonner.* (= J'ai entendu cela : on fredonnait ces chansons (= les).)
cru, dit, dû, fait, pu, su, voulu,... précédé d'un pronom complément direct et suivi d'un infinitif	Invariable *Les robes que j'ai fait allonger.* *Il a obtenu les sommes qu'il a voulu récupérer.*

Participe passé	***Accord du participe passé***
précédé d'un pronom complément direct représentant - *un de ceux, un des...*	Variable (accord selon le sens, souvent au pluriel) *Une des lettres qu'on a affichées.*
- un collectif, une fraction, un adverbe de quantité	Variable - accord avec le collectif, la fraction, l'adverbe si l'on considère l'ensemble *La moitié du livre qu'il a écrite.* - accord avec le nom qui suit si l'on considère chacun des éléments de l'ensemble. *La foule des gens que j'ai vus.*
précédé d'un complément direct dans les temps surcomposés	Variable (pour le dernier participe, accord en genre et en nombre avec le complément direct). *Ces lettres, il les a eu vite écrites.*
pour les verbes **courir, coûter, dormir, mesurer, peser, régner, valoir, vivre,...**	Invariable si le complément est ou peut être introduit par une préposition ou si le complément est un terme d'argent, de mesure, de poids. *Les vingt-neuf ans qu'elle a vécu.* (= durant vingt-neuf ans) *Les dix mille francs que cette opération a coûté.* *Les efforts que cela m'a coûtés.*
pour les verbes impersonnels	Invariable *Les deux semaines qu'il avait neigé*

4. Participe passé des verbes pronominaux

Participe passé (correspondant aux verbes conjugués avec *avoir*)	***Accord du participe passé***
- précédé d'un complément direct - suivi d'un complément direct - admettant un complément indirect ou un complément introduit par **à**	Variable (accord en genre et en nombre avec le compl. dir.) *Ils se sont lavés.* *(Ils ont lavé eux(= se)* *Les lettres qu'ils se sont envoyées.* *(Ils ont envoyé les lettres (= qu').)* Invariable *Ils se sont lavé les mains.* *(Ils ont lavé les mains.)* Invariable *Ils se sont écrit.* *Les ennuis s'étaient succédé.* *Elle s'est fait mal à la jambe.*
des verbes : **s'en donner, se plaire, se complaire, se déplaire, se rire, se sourire, se rendre compte,...**	Invariable *Ils se sont bien plu.* *Elle s'était rendu compte de son erreur.*
dans les autres cas	Variable (accord en genre et en nombre avec le sujet) *Ils se sont étonnés.* *Elle s'était aperçue de son erreur.* *Les billets se sont bien vendus.*

Le participe présent et l'adjectif verbal

1. Approche

Participe présent	*Adjectif verbal*
- terminé par **-ant** - invariable - peut être accompagné d'une négation - peut être suivi d'un complément du verbe (et/ou d'un complément circonstanciel)	- terminé par **-ant** ou **-ent** - variable en genre et en nombre - peut être précédé d'un adverbe

Accueillant ses amis, il leur redit sa joie.
Des paroles (très) accueillantes.

Remarques

1) Le **participe présent** varie cependant dans certaines expressions
Des ayants-droit
Une couleur voyante
Une personne méfiante
Poste restante
A la nuit tombante
A quatre heures sonnantes...

2) *Soi-disant, flambant neuf,...* ne varient généralement pas.
Une soi-disant princesse. Des appartements flambant-neuf(s).

3) Suivant l'ancien usage, le participe présent *vivant* varie dans
Moi vivante, je ne permettrai pas cela.

2. L'orthographe du participe présent diffère parfois de celle de l'adjectif verbal.

Communiquant son adresse, il a oublié le numéro.
Des vases communicants.

Participe présent en	***Adjectif verbal en***
- ant *adhérant* *affluant* *coïncidant* *différant* *équivalant* *excellant* *expédiant* *influant* *précédant* *résidant...*	**- ent** *adhérent* *affluent* *coïncident* *différent* *équivalent* *excellent* *expédient* *influent* *précédent* *résident...*
-eant *convergeant* *divergeant* *négligeant*	**-ent** *convergent* *divergent* *négligent*
-guant *extravaguant* *fatiguant* *intriguant* *naviguant* *zigzaguant*	**-gant** *extravagant* *fatigant* *intrigant* *navigant* *zigzagant*
-quant *communiquant* *convainquant* *provoquant* *suffoquant* *vaquant...*	**-cant** *communicant* *convaincant* *provocant* *suffocant* *vacant...*

L'ADVERBE

Approche

L'**adverbe** est un mot invariable qui peut accompagner un adjectif, un verbe, un autre adverbe, une phrase pour en préciser le sens.

Il parle ***lentement****. Il est* ***loin****. Il crie* ***fort****.*
Elle est ***très*** *douée. Elle ne sait pas.* ***Peut-être****.*

Une **locution adverbiale** est un groupe de mots qui fonctionne comme un adverbe.

à propos, ci-dessous, là-haut, tout à coup, tout d'un coup, çà et là, à tort et à travers, ci-dessus, là-bas, tout à l'heure, tout de suite de suite,...

a priori (en partant de données antérieures)
grosso modo (sans entrer dans les détails)
in extremis (au tout dernier moment)
ipso facto (par le fait même)
vice versa (réciproquement)

Classement des adverbes

Selon le sens, les adverbes ou les locutions adverbiales peuvent exprimer

- **la manière :** *bien, comment ?, ensemble, vite, volontiers*
  (beaucoup d'adverbes en ***-ment :*** *calmement, lentement, rapidement,...)*
- **le lieu :** *ailleurs, dehors, derrière, devant, ici, là, loin, où ?, partout,...*
- **le temps :** *alors, aujourd'hui, autrefois, bientôt, encore, hier, longtemps, maintenant, parfois, quand ?, toujours,...*
- **l'affirmation :** *assurément, certainement, d'accord, oui, si,...*
- **la négation :** *aucunement, jamais, ne, non, nullement, pas, personne, point, rien,...* (voir phrase négative, p. 186).
- **le doute :** *apparemment, peut-être, probablement,...*
- **la quantité :** *assez, autant, beaucoup, davantage, moins, peu, si, tellement, trop,...*
- **l'intensité :** *fort, très...*
- **la liaison :** *ainsi, aussi, donc, en effet, ensuite, par conséquent, puis,...*

Remarque

Certains adverbes, employés par deux, permettent d'établir une corrélation, un lien, entre deux phrases.

autant ... autant, tant ... tant, autant ... que, aussi ... que, moins ... moins, moins ... plus, plus ... plus,...

Tant va la cruche à l'eau qu'à la fin, elle se brise.
Moins tu y penses, moins tu auras mal !

Formation des adverbes en *-ment*

Certains adverbes sont formés au départ d'adjectifs :

En ajoutant *-ment* au masculin des adjectifs terminés par une voyelle.

absolu, absolument ; éperdu, éperdument ; inverse, inversement ; poli, poliment ; rare, rarement ; vrai, vraiment

En ajoutant *-ment* au féminin des adjectifs.

fort, forte, fortement
régulier, régulière, régulièrement
sérieux, sérieuse, sérieusement

Les adjectifs en **-ant** forment des adverbes en **-amment.**

courant, couramment

Les adjectifs en **-ent** forment des adverbes en **-emment.**

évident, évidemment

Remarques

1) On écrit (Académie) :

assidu, assidûment
cru, crûment
dû, dûment
gai, gaiement
goulu, goulûment
indu, indûment

2) Le **-e** du féminin devient **-é** dans :

aveugle, aveuglément
commode, commodément
commun, communément
conforme, conformément
confus, confusément
diffus, diffusément
énorme, énormément

exprès, expressément
immense, immensément
obscur, obscurément
opportun, opportunément
précis, précisément
profond, profondément
uniforme, uniformément

3) On écrit cependant :

bon, bien (mais : *tout bonnement*)
bref, brièvement
gentil, gentiment
impuni, impunément
mauvais, mal
traître, traîtreusement

4) On écrit :

lent, lentement
présent, présentement
notamment
précipitamment

Degrés des adverbes

Certains adverbes admettent des degrés (voir p. 51)
- **loin, longtemps, près, souvent, tôt, tard, vite**
- beaucoup d'adverbes en **-ment**
- des adjectifs employés comme adverbes : **bas, bon, cher,...**

Comparatif d'infériorité

Elle est arrivée moins loin qu'hier.

Comparatif d'égalité

Il a nagé aussi longtemps qu'elle.

Comparatif de supériorité

Elle part plus tôt que lui.

Superlatif relatif d'infériorité

Il a couru le moins vite.

Superlatif relatif de supériorité

Elle a lancé le javelot le plus loin.

Superlatif absolu

Il parle très doucement.

Remarque

Il existe des comparatifs et des superlatifs propres pour :

beaucoup : plus, le plus
bien : mieux, le mieux
mal : pis, le pis (pire n'est pas un adverbe, c'est le comparatif de l'adjectif *mauvais)* ou *plus mal, le plus mal*
peu : moins, le moins

Il roule beaucoup. Il roule plus. Il roule le plus.

LA PRÉPOSITION

Approche

La préposition est un mot de liaison invariable qui est placé devant un complément. Elle relie des groupes de fonctions différentes.

Elle m'a donné son numéro de téléphone. Il va à Londres. Il met des lunettes pour lire. Un appartement avec terrasse. C'est chez elle, dans la cuisine. Jusqu'à quand part-il ? De la part de ton ami.

Principales prépositions

à
après
avant
avec
chez
contre
dans
de
depuis
derrière
dès
devant
durant
en
entre
envers
hormis
hors
malgré
outre
par
parmi
pendant
pour
sans
sauf
selon
sous
suivant
sur
vers
...

Principales locutions prépositives

à cause de
à côté de
à force de
à moins de
à partir de
à travers
au-delà de
au-dessous de
au-dessus de
au-devant de
au lieu de
auprès de
autour de
au travers de
aux alentours de
aux environs de
avant de
d'après
de la part de
de manière à
de peur de
en bas de
en deçà de
en dedans de
en dehors de
en dessous de
en face de
en travers de
face à
hors de
jusqu'à
loin de
par-delà
par-dessous
par-dessus
par-devant
par suite de
près de
proche de
quitte à
sauf à
vis-à-vis de
...

Classement des prépositions

On peut classer les prépositions suivant les compléments qu'elles servent à introduire (complément du nom, complément du verbe,...).
Dans ce cas, on remarquera que **à** et **de** ne sont pas les seuls à introduire un complément du nom.

Une veste sans bouton.
Un livre pour les vacances.

On peut aussi classer les prépositions suivant leur sens (lieu, temps, manière,...). Mais on remarquera qu'une même préposition peut indiquer des sens différents.

Mourir de faim. (cause)
Sortir de la gare. (lieu)

Remarques

1) Les prépositions **à, de, en** se répètent généralement.
Voyager en Afrique et en Australie.
Circuler en auto et en train, à (en) vélo et à (en) moto.
Parler de tout et de rien.

2) Les autres prépositions se répètent si on insiste sur chaque élément.
Chercher pendant de longs jours et pendant de longues nuits.

3) Les prépositions ne se répètent pas :

a) dans un groupe où les mots sont étroitement liés par le sens
Avec tes parents et tes amis. A travers champs et bois.

b) dans une locution toute faite
En âme et conscience. Des allées et venues.

c) dans un groupe de nombres unis par *ou*
Une dette de cinq ou six mille francs.

4) Au est mis pour **à** + **le, aux** pour **à** + **les,**
du est mis pour **de** + **le, des** pour **de** + **les.**
Il est parti au Canada.
Elle vient du Midi.
La gare est en face du musée.

LA CONJONCTION DE SUBORDINATION

Approche

La conjonction de subordination est un mot de liaison invariable qui est placé devant une subordonnée. Elle relie des phrases de fonctions différentes.

*Elle voudrait **que** tu te taises un peu.*
*Il ira au tennis après **qu'**il aura remis de l'ordre.*
*Comme on dit **que** l'on comprend la musique, je comprends la nature.* (Claudel)

Principales conjonctions de subordination

que	*quand*
comme	*quoique*
lorsque	*si*
puisque	...

Classement des conjonctions de subordination

Les principales conjonctions ou locutions conjonctives de subordination introduisent, suivant le sens, des subordonnées de

Temps	**Cause**	**Conséquence**
alors que *après que* *au moment où* *aussi longtemps que* *aussitôt que* *avant que* *chaque fois que* *comme* *depuis que* *dès que* *en même temps que* *jusqu'à ce que* *lorsque* *pendant que* *quand* *tandis que* ...	*à cause de ce que* *attendu que* *ce n'est pas que* *c'est que* *d'autant plus que* *étant donné que* *parce que* *puisque* *vu que* ...	*à tel point que* *au point que* *de (telle) façon que* *de (telle) manière que* *de (telle) sorte que* *en sorte que* *(assez, trop, trop peu,...) pour que* *si ... que* *si bien que* *tant que* *tellement que* ...

But	**Condition**	**Opposition**
afin que *de crainte que* *de peur que* *pour que* ...	*à (la) condition que* *à moins que* *à supposer que* *au cas où* *dans le cas où* *pour peu que* *pourvu que* *si* *soit que ... soit que ...* *supposé que*	*alors que* *au lieu que* *bien que* *encore que* *malgré que* *même si (si même)* *pour ... que* *quand (bien) même* *qui que (quoi qui)* *quoique* *si ... que* *tandis que* *tout ... que* *... quel ... que* *qui (quoi) que ce soit qui (que)*
Comparaison	**Manière**	**Restriction**
ainsi que *à mesure que* *(aussi, autant, autrement, moins, plus, pire) ... que* *aussi bien que* *comme* *de même que* *selon que* ...	*comme* *sans que* ...	*excepté que* *hormis que* *sauf que* *si ce n'est que* ...

Remarques

1) Les conjonctions de subordination **que** et **si** se répètent généralement.

Je crois que tu peux et que tu dois lire ces documents.
Je ne sais s'il part ou s'il reste.

2) La conjonction de subordination **que** est employée pour répéter les conjonctions **comme, quand, si...**

Comme tu pars et que tu vas voyager, elle a tout préparé en conséquence.

LA CONJONCTION DE COORDINATION

Approche

La conjonction de coordination est un mot de liaison invariable qui relie des groupes ou des phrases de même fonction.

Mon frère ***et*** *ma sœur font du ski.*
Tu entres ***ou*** *tu sors ?*
Le vieux ne parlait plus, ***mais*** *je l'entendais respirer.* (Bosco)

Principales conjonction de coordination

mais
ou
et
or
ni
car

Autres mots utilisés comme conjonctions ou locutions conjonctives de coordination

ainsi
aussi
cependant
en effet
ensuite
par contre
pourtant
puis
soit
toutefois
...

Classement des conjonctions de coordination

Suivant le sens

addition, liaison	*et, aussi, ensuite, ni, puis,...*
alternative, disjonction	*ou, soit,...*
cause	*car, en effet,...*
conséquence	*ainsi, (par conséquent)...*
opposition, restriction	*au contraire, cependant, mais, néanmoins, pourtant, toutefois,...*
raisonnement	*or*
...	...

Remarques

1) La conjonction de coordination **ni** se répète.
Elle n'a ni gants ni chapeau.

2) Les conjonctions de coordination **et, ou** se répètent si on insiste sur chaque élément.
Elle a un sac et des gants et un chapeau.

3) Si on ne répète pas la conjonction de coordination, on place une virgule entre les éléments.
Elle a un sac, des gants et un chapeau.

4) **Ou**, conjonction mise pour *ou bien*, à ne pas confondre avec **où**, pronom ou adverbe.
Vivre ou mourir.
Où allez-vous ?

LA PHRASE

Reconnaissance de la phrase

A l'oral l'intonation et de longues pauses, à l'écrit la présence d'une majuscule au premier mot et d'un point à la fin permettent de reconnaître une phrase.

Rosalie était là et me regardait. C'était une belle petite fille. Elle se tenait à côté de la table et portait dans ses mains une cafetière fumante. (Bosco)

A. La phrase est une **organisation**.

Les mots ou les groupes de mots occupent une place précise dans la phrase. Ils sont en relation les uns avec les autres. Cette organisation suit les règles de la grammaire française.

Le poisson mord à l'hameçon.
(et non : *Mord à le poisson l'hameçon.)*
La réunion dont tu parles est finie.
(et non : *La réunion que tu parles est finie.)*

B. Cette organisation produit du **sens**.

Les mots et les groupes de mots organisés selon la grammaire transmettent de l'information.

Composition de la phrase

A. 1. La phrase se compose généralement de plusieurs groupes. Chaque groupe est une unité formée par un ensemble de mots organisés autour d'un noyau.

Les nouveaux locataires ont signé le contrat.

a) groupe nominal (noyau : un nom ; en abrégé : GN)

Les nouveaux locataires, la place du village, Julie

b) groupe verbal (noyau : un verbe ; en abrégé : GV)

ont signé le contrat, arrivent, lis-le

c) groupe adjectival (noyau : un adjectif ; en abrégé : GAdj)

contents de leur sort, honnête, très grand

d) groupe adverbial (noyau : un adverbe ; en abrégé : GAdv)

assez gentiment, bien, plus rapidement qu'hier

2. Des groupes de longueur différente peuvent composer une phrase.

Les nouveaux locataires que tu connais / ont apporté / un gâteau / à la voisine / vendredi soir. Ils / le / lui / ont apporté.

3. On peut repérer les groupes :

a) grâce à une opération de déplacement.

Mon frère étudie depuis deux jours dans la bibliothèque.
Mon frère / étudie / dans la bibliothèque / depuis deux jours.
Depuis deux jours / mon frère / étudie / dans la bibliothèque.
Mon frère / depuis deux jours / étudie / dans la bibliothèque.

b) grâce à une opération de substitution.

Mon frère / est / courageux. Il / est / habile.
Mon ami / est / habile. Il / l' / est.

4. On peut expanser chaque groupe nominal ou groupe verbal.
On peut y ajouter un ou plusieurs mots ou groupes, une ou des phrases.

Mon frère [aîné] [que tu connais] travaille dans la bibliothèque [de l'école.] Un livre [rare.] Les gens [d'ici.] Elle lit [trop.] L'infirmière [dont je vous ai parlé.]

Remarque
On reconnaît une expansion au fait qu'elle peut être effacée du groupe et qu'elle ne peut rester seule.

Les gens d'ici. (d'ici)
L'infirmière dont je vous ai parlé. (dont je vous ai parlé)

5. Les divers éléments d'une phrase peuvent être regroupés en deux unités : le groupe sujet et le groupe verbal (en abrégé : GS, GV).

Ma sœur / lui achètera un dictionnaire.
GS GV
Mon frère aîné que tu connais / réfléchit.
GS GV

Remarque
L'un de ces groupes peut être absent de la phrase.

Lisez. (absence de GS)
Vous ! (absence de GV)

B. 1. **La phrase verbale** comporte un ou plusieurs verbes conjugués.

Les réfugiés qui attendaient depuis des mois viennent de trouver un logement.
Anne se leva et s'élança vers la cuisine.

2. **La phrase non verbale** ne comporte aucun verbe conjugué. Elle s'organise autour d'un autre mot qu'un verbe.

a) phrase nominale

Défense d'afficher.
Délicieux, ce dessert.

b) phrase adjectivale

Content de vous voir ici.
Très honoré.

c) phrase adverbiale

Très bien.
Amicalement.
Oui.

d) phrase infinitive

Aimer la vie.
Ouvrir en cas de danger.

Remarques

1) La phrase à verbe impersonnel et la phrase à présentatif sont des phrases verbales.

Il pleuvra.
C'est l'été.

2) La phrase, verbale ou non, peut n'avoir qu'un seul mot.

Mange. Sors. Viens.
Bonjour. Bravo. Halte. Hélas ! Zut.

Relations dans la phrase

A l'intérieur d'une phrase, d'un groupe, les groupes, les mots, sont plus ou moins liés les uns aux autres.

Le groupe sujet

Il commande l'accord du verbe en personne et en nombre.
(*Je, tu, il(s), on* sont toujours sujets. Le groupe sujet peut être inséré dans l'expression *c'est ... qui*.)

Est-ce que ***tu*** *as signé ? Qui doit-****on*** *contacter ?*
GS GS

(C'est) ***Le nouveau contrat*** *(qui) a été signé.*
GS

Le complément du verbe

Il est lié au verbe. Ce verbe ne peut être dédoublé (par *et cela se passe*).

1) Il peut être **direct**
Jean offre ***des fleurs***

2) Il peut être **indirect**
Jean offre des fleurs ***à Monique***

Le complément circonstanciel

Il est moins lié au verbe. Ce verbe peut être dédoublé (par *et cela se passe*).

Elle travaille ***dans le jardin****.*
circonst.
(Elle travaille — et cela se passe — dans le jardin.)

Le complément (d'agent) du verbe passif

Il est introduit par la préposition *par*. Il devient le groupe sujet dans la même phrase à l'actif.

Anne a été accueillie ***par nos amis****.*
compl. d'agent du verbe passif
(Nos amis ont accueilli Anne.)

L'attribut

1) L'attribut du sujet

Il suit le verbe *être* (dans la phrase à verbe *être*). Il peut être remplacé par *le* (sauf s'il s'agit d'une phrase).

Anne est ***gentille****.* (Anne l'est)
attr.

2) L'attribut du complément direct.

Il est lié au complément direct.

Jean l'a nommé ***secrétaire.***
attr. du compl. dir.

L'épithète

C'est un adjectif, expansion d'un nom.

Les tentures ***rouges*** *sont dans l'armoire.*
épith.

Elle a perdu son ***nouveau*** *portefeuille.*
épith.

Le complément du nom

C'est un nom, expansion d'un autre nom (toujours à la droite de ce dernier).

Elle a retrouvé les clés ***de la voiture****.*
compl. du nom

L'apposition

C'est un nom, expansion d'un autre nom (qui peut être attribut).

Marie, ***mon amie****, arrive ce soir.* (Marie est mon amie.)
apposit.

La ville ***de Paris.*** (La ville est Paris.)
apposit.

Le complément de l'adjectif et de l'adverbe

C'est une expansion donnée à un groupe adjectival ou à un groupe adverbial.

Une femme capable ***de diriger.***
compl. de l'adj.

Un homme heureux ***de son sort.***
compl. de l'adj.

Heureusement ***pour elle.***
compl. de l'adv.

Types de phrases

Quand une personne parle ou écrit, trois constructions s'offrent à elle.

La phrase déclarative

La phrase transmet une simple déclaration. A l'écrit, elle se termine par un point.
Les années passent.

Ordre des mots :

— sujet — verbe — attribut
Pierre est poli.
Pierre est plombier.
Pierre est un plombier sérieux.

— sujet — verbe — complément(s)
Pierre envoie une lettre.
Pierre envoie une lettre à Anne.

— il — verbe impersonnel — suite
Il fait froid.
Il faut du bois.

— présentatif — suite
C'est l'hiver.
Voici des pommes.
Il y a de la neige.

Remarque

Le complément qui comporte le plus de mots se place habituellement à la fin de la phrase.
Anne / lit / dans le salon / le livre qu'elle vient de recevoir.

La phrase interrogative

La phrase met en question l'information qu'elle transmet. A l'écrit elle se termine par un point d'interrogation.

Pierre est-il venu ?
Est-ce que Pierre est venu ?

1. L'interrogation totale

a) Elle porte sur toute la phrase.

Viens-tu t'entraîner ?
Ne viendrais-tu pas t'entraîner ?

b) Réponses :

oui / non (quand l'interrogation est affirmative)
si / non (quand l'interrogation est négative)
ou *Je ne sais pas. Peut-être. Sans doute.*

Ordre des mots :

— ordre des mots de la phrase déclarative et un point d'interrogation.

Tu achètes le journal ?

— *Est-ce que* et l'ordre des mots de la phrase déclarative et un point d'interrogation.

Est-ce que tu achètes le journal ?

— verbe — sujet — complément(s) et un point d'interrogation.

Achètes-tu le journal ?

Remarques

1) Le verbe suivi de *je* s'emploie seulement avec quelques verbes.

Ai-je ... ? Dois-je ... ? Puis-je ... ? Suis-je ... ?
Vais-je ... ?

2) Le verbe suivi de il, elle, on : pour éviter que deux voyelles ne soient en présence, un **t** entre deux traits d'union est intercalé.

Danse-t-elle ?
Y a-t-il du monde ?

3) Si la terminaison de la 1e personne du singulier est **e**, ce **e** est remplacé par un **é**.
Pensé-je ? (prononcé **è**)

2. L'interrogation partielle

a) Elle porte sur une partie de la phrase.
Quand viens-tu ?

b) *Réponses :* (un groupe / une phrase) (*jamais : oui / non*)
Demain. Je viendrai demain. ou *Je ne sais pas.*

Ordre des mots :

— mot interrogatif, l'ordre des mots de la phrase déclarative et un point d'interrogation.
Combien tu paies ce journal ?

— mot interrogatif, verbe — sujet — complément(s) et un point d'interrogation.
Combien paies-tu ce journal ?

— mot interrogatif, sujet — verbe — pronom reprenant le sujet — complément(s) et un point d'interrogation.
Combien cet homme paie-t-il le journal ?

Remarques

1) En langue familière, le mot interrogatif est parfois placé en fin de phrase.
Tu vas où ? Elle a rencontré qui ?

2) En langue orale surtout, le mot interrogatif peut être suivi de *est-ce que*.
Où est-ce qu'elle va ? Qu'est-ce qu'elle a vu ?
Qu'est-ce qui lui a dit ? Qui est-ce qui lui a dit ?

La phrase impérative

La phrase transmet un ordre, un conseil, un souhait.
Raconte. Donne-moi le poivre. Veuillez m'excuser.

Ordre des mots :

— forme verbale à l'impératif (2e pers. sing. ou plur., 1re pers. plur. et complément(s))
Porte cette valise. Venez. Partons demain.

— forme verbale au subjonctif (3e pers. sing. ou plur.) et complément
Qu'il vienne me voir. Qu'elles partent.

Remarque

Dans certains contextes (formes adoucies, polies,...), on utilise aussi

— l'indicatif futur simple
Vour viendrez demain à cinq heures.

— l'infinitif présent
Travaux, ralentir.
Ne pas fumer.

Note : la phrase exclamative est une phrase marquée à l'oral par une intonation expressive. A l'écrit, elle se termine par un point d'exclamation. Cette phrase met en relief les émotions du locuteur.
C'est magnifique ! Mais... il va tomber ! Quel type !
Qu'est-ce qu'il n'a pas fait ! Que c'est regrettable !
Bien joué ! Bravo ! Hélas ! Tiens ! Regardez !

Formes de phrases

Chaque type de phrase peut être utilisé avec une ou plusieurs formes suivantes :

La négation

1. La négation porte sur toute la phrase :

a) Ne... pas

— Le verbe ou l'auxiliaire se place entre **ne** et **pas**.

Marie ne téléphone pas.
Marie n'a pas téléphoné.

— L'infinitif se place après **ne pas**.

Elle demande de ne pas téléphoner.
Elle dit ne pas avoir compris. (ou *n'avoir pas compris)*

b) ne... jamais (opposé à *toujours*)
ne... guère (opposé à *beaucoup*)
ne... plus (opposé à *encore*)

Elle n'est jamais malade. (Elle est toujours malade.)
Elle n'a guère de travail. (Elle a beaucoup de travail.)
Elle ne pleure plus. (Elle pleure encore.)

2. La négation porte sur un seul groupe dans la phrase :

a) ne ... personne, personne ne (opposé à *quelqu'un*)
ne ... rien, rien ne (opposé à *quelque chose*)

Je n'ai vu personne. (J'ai vu quelqu'un.)
Je n'ai rien vu. (J'ai vu quelque chose.)
Personne n'est sorti. (Quelqu'un est sorti.)
Rien n'a changé. (Quelque chose a changé.)

b) ne ... aucun(e), aucun(e) ... ne,
ne ... nul(le), nul(le) ... ne,
ne ... pas un(e), pas un(e) ... ne,
ne ... plus un(e), plus un(e) ... ne
accompagné d'un groupe nominal ou non

Tu n'auras aucune difficulté.
Elle n'est plus une enfant.
Nul ne connaît l'heure du départ.
Pas un n'a pensé à apporter son passeport.

Remarques

1) **Pas** s'efface dans certaines expressions et dans le langage recherché :
Si je ne me trompe. Si je ne m'abuse.
Je n'ose vous dire ma gratitude. Je ne sais si je peux...

2) **Ne** s'efface souvent dans le langage parlé :
J'ai pas dit ça.

3) **Ni :**
(Il n'est pas juste. Il n'est pas bon.) Il n'est ni juste ni bon.

4) Pour exprimer la négation, la langue dispose d'autres moyens que la forme négative, par exemple, les antonymes. Mais, dans ce cas, on ne parlera pas de forme négative de la phrase.
Le calcul est correct/incorrect.

L'emphase

L'emphase est la mise en évidence d'un élément de la phrase. Elle se marque par :

— les présentatifs *c'est ... qui, c'est ... que, il y a ... que, voici ... que,...*

— le déplacement en tête de phrase de l'élément mis en évidence et la reprise de celui-ci par un pronom.

C'est Pierre qui est arrivé en tête.
Pierre, il est arrivé en tête.
C'est toi que j'aime.
Toi, je t'aime.

Le passif

La forme passive se marque par le déplacement du groupe sujet et du complément direct, et par l'emploi de l'auxiliaire *être* (mis au même mode et au même temps que le verbe de la phrase active) suivi du participe passé et de la préposition *par* (ou parfois *de*).

Le plombier installe le chauffage.

Le chauffage est installé par le plombier.

Remarques

1) Le sujet **on** s'efface dans la tournure passive.
On répare la route / la route est réparée.

2) Il ne faut pas confondre des verbes à la voix passive avec des verbes qui se conjuguent avec *être :* **partir, sortir, tomber,...**
La lettre est envoyée (par le secrétaire). (passif)
La lettre est partie. (actif)

3) Les verbes pronominaux ne peuvent être mis à la voix passive.
Il s'est mis en tête de devenir pilote. (passé composé actif)

4) Les verbes **obéir, pardonner** (qui avaient anciennement un complément direct : *obéir quelqu'un, pardonner quelqu'un*) peuvent être mis à la voix passive.
A-t-il été obéi ? (par son fils).
Elle a été pardonnée.

5) La forme passive peut se marquer aussi par l'emploi de tournures pronominales.
Le clocher s'aperçoit à quatre cents mètres.

Phrases de base

La *structure classique* de la phrase contient deux groupes solidaires : un groupe sujet et un groupe verbal. Cependant, cette structure peut se réaliser de façons diverses. On peut retenir *7 types de réalisation* de cette structure. Il s'agit, chaque fois, de *phrases déclaratives* (à l'exclusion de tout autre type) ne comportant qu'un seul verbe conjugué.
Ces phrases sont appelées phrases de base parce qu'elles sont considérées comme les bases de toutes les phrases possibles.

LISTE DES PHRASES DE BASE

La phrase sans complément

Cette phrase, la plus simple, se réduit à un groupe sujet et à un verbe.
P → GS + GV dans laquelle GV → V + Ø
Les portes claquent.

La phrase à un complément direct du verbe

P → GS + GV dans laquelle GV → V + GN
Paul mange un fruit.

La phrase à un complément indirect du verbe

P → GS + GV dans laquelle GV → V + GP
Il parle à sa voisine.

La phrase à deux compléments du verbe

P → GS + GV dans laquelle GV → V + GN + GP
Je donne un cadeau à mon frère.

La phrase à verbe *être* ou *avoir* obligatoirement accompagné d'une *suite*

P → GS + GV dans laquelle GV → V être + attribut
La phrase à verbe *être* (et verbes assimilés comme *sembler, paraître,* etc.) entre dans le schéma des phrases GS + GV.

L'attribut peut être :

— **adjectival**. Dans ce cas, le verbe *être* laisse passer sur l'adjectif les marques du genre et du nombre du groupe sujet :
Elles sont jolies.

— **nominal non prépositionnel avec déterminant :**
Cet homme est un ingénieur.

— **nominal non prépositionnel sans déterminant :**
Cet homme est ingénieur.

— **nominal prépositionnel :**
Il est dans la cuisine.

— **adverbial :**
Il est debout, il est mieux. La clé est ici.

Certaines phrases à verbe *être* sont apparentées à la phrase à verbe *avoir*. On peut donc passer de l'une à l'autre.

Je suis affamé. J'ai faim.
Je suis ennuyé. J'ai des ennuis.

La phrase à présentatif

P → GS + GV dans laquelle GS → Ø et GV → Présentatif + complément.

a) C'est a une fonction démonstrative (il renvoie, comme le geste, au contexte de la communication).

C'est a aussi une fonction d'emphase (il met en évidence).

Le cheval numéro deux a gagné.
C'est le cheval numéro deux qui a gagné.

Le présentatif **c'est** peut introduire

— **un nom :**
C'est un chanteur.

— **un adjectif :**
C'est correct.

— **un adverbe :**
C'est bien.

— **un pronom :**
C'est moi.

— **une phrase :**
C'est comme tu veux et quand tu veux.

b) Voilà, voici

Le présentatif porte

— **sur le nom :**
Voici la fin de nos rêves.

— **sur l'adjectif :**
Voici une belle maison
La belle maison que voilà.
Que voilà une belle maison.

— **sur une phrase :**
Voilà qu'il part.

c) Il y a

— introduisant **un groupe nominal :**
Il y a un enfant à la fenêtre.

— introduisant **une phrase :**
Il y a qu'il est parti avant notre arrivée.

La phrase impersonnelle

P → il + V impers.
Ces phrases se distinguent par la présence d'un **il** qui ne représente rien. Son rôle est d'introduire le verbe.
Il neige. Il faut chercher.

La phrase simple

La phrase simple contient un seul verbe conjugué.

Tout à coup, l'horloge de l'église sonna midi, puis l'Angelus. (Daudet)

Vous n'avez pas le droit de me dire ça ! (Montherlant)

Allez-vous-en, les gars ! (Giono)

La phrase complexe

La phrase complexe contient plusieurs verbes conjugués.

Il regardait le nom d'une rue, puis repartait. (Colette)

Elle descendit au jardin et tourna longtemps autour de la pelouse, aspirant l'air frais qui l'apaisait. (Maurois)

Je dois avouer que j'ai mis longtemps à me rendre compte plus ou moins de quoi il retournait. (Sarraute)

Les phrases juxtaposées

Quand deux phrases sont réunies en une seule par juxtaposition, aucune phrase n'exerce de fonction grammaticale par rapport à l'autre.
La juxtaposition est marquée, à l'écrit, par l'emploi d'une virgule entre les deux phrases ou de tirets ou de parenthèses autour d'une phrase.

Les uns rient, les autres pleurent.
Je vous demande pardon, avait-elle murmuré en se rasseyant. (Simenon)
Je les trouve — comment dirais-je — un peu bourgeois. (Bernanos)
Comme chez tous les garçons de cet âge (celui-ci aurait quinze ans dans trois mois), les plaisanteries de Philippe étaient tenaces. (Montherlant)

Les phrases coordonnées

Quand deux phrases sont réunies en une seule en utilisant une marque de coordination, aucune phrase n'exerce de fonction grammaticale par rapport à l'autre. La coordination est marquée par l'emploi de

— conjonctions (ou locutions conjonctives) de coordination : *et, ou, mais*

— adverbes corrélatifs : *non seulement ... mais, plus ... moins, plus ... plus, tantôt ... tantôt,...*

Il ouvrit la porte sans bruit et il sortit.
Il fit la brasse puis il se replia et descendit lui aussi tête première vers le fond. (Giono)
Non seulement elle dort peu, mais elle se lève tôt.

Les subordonnées

Quand deux phrases sont réunies en une seule de telle façon que l'une d'entre elles prend place dans l'autre pour y exercer une fonction grammaticale, l'une est subordonnée à l'autre.

A. La subordonnée relative.
Une subordonnée à l'intérieur d'un groupe nominal.

1. La subordination est marquée par un pronom relatif. (Le nom auquel la relative se rapporte est appelé **antécédent** du pronom relatif.)

J'ai rencontré la jeune femme qui a gagné le gros lot.
(J'ai rencontré la jeune femme. Cette jeune femme a gagné le gros lot.) (*La jeune femme* est **l'antécédent** du pronom relatif **qui**).

2. La relative peut être déterminative ou non déterminative.

a) La relative déterminative apporte une restriction au nom qu'elle accompagne.

Les électeurs qui se sont abstenus ont eu tort.

(*qui se sont abstenus* vient préciser que ce n'est pas tous les électeurs qui ont eu tort, mais seulement ceux qui se sont abstenus.)

b) Lorsque la relative n'apporte pas de restriction, elle est non déterminative ; elle est souvent entre deux virgules.

Le Mont-Blanc, qui est le plus haut sommet d'Europe, s'élève à plus de 4 800 mètres.

B. La subordonnée complétive.

Une subordonnée à la place d'un groupe nominal.

La complétive est mise à la place d'un sujet, d'un complément de verbe ou d'un attribut.

1. La subordination est marquée par une conjonction de subordination : *que, si.*

Je voudrais que tu portes les valises.
Elle ne sait pas si le train part à l'heure.

2. La complétive peut être une infinitive.

a) La subordonnée infinitive a le même sujet que le verbe conjugué dans la phrase.

Anne s'imagine avoir raison. (qu'elle a raison.)

b) La subordonnée infinitive a un sujet qui lui est propre.

Jean a vu le directeur signer. (que le directeur signait.)

Remarques

1) La complétive peut aussi être mise à la place d'un complément du nom ou d'un complément de l'adjectif.

Il a noté l'essentiel de ce qu'on a raconté.
Je suis content que vous m'apportiez cette nouvelle.

2) Certains verbes exigent l'emploi du mode subjonctif dans la complétive. *(aimer, craindre, demander, déplorer, désirer, exiger, interdire, ordonner, redouter, regretter, souhaiter)*

Elle veut que tu viennes.
Je souhaite que vous passiez d'agréables vacances.

3) La complétive peut appartenir au discours indirect.

Il demande à qui il faut s'adresser.
Il demande à qui s'adresser.

C. La subordonnée circonstancielle

La circonstancielle est mise à la place d'un complément circonstanciel.
La circonstancielle est introduite par une conjonction (ou une locution conjonctive) de subordination indiquant un des renseignements suivants : temps, but, cause, conséquence, manière, condition, comparaison, opposition, restriction,...

Je ne partirai pas avant que tout ne soit terminé. (temps)
Il a reculé pour que j'aie une place. (but)
Elle est rentrée parce qu'il pleuvait. (cause)
Il parlait tellement que je n'ai pu placer un mot. (conséquence)
Elle parlait sans qu'on entende un mot. (manière)
Votre mari prendra du ventre si vous lui faites de bons petits plats. (condition)
Cette personne me considère comme si j'étais moins que rien. (comparaison)
Bien qu'il fasse mauvais, je vais faire des courses. (opposition)
Outre qu'il était jaloux, il était colérique. (addition)

Remarques :

1) La circonstancielle déplacée dans la phrase est, à l'écrit, placée entre virgules.
Jean met des lunettes quand il conduit.
Quand il conduit, Jean met des lunettes.
Jean, quand il conduit, met des lunettes.

2) La circonstancielle peut être une subordonnée participe.
Ayant fini notre dîner, nous sortons.
(Comme nous avons fini notre dîner)

Le discours direct et le discours indirect

Le discours direct et le discours indirect sont des manières de rapporter les paroles de quelqu'un en les reproduisant.
Ces paroles sont introduites par des verbes tels que : *dire, répondre, demander, penser, s'écrier, signaler, défendre, ordonner, se dire,...*

Le discours direct

Le discours direct reproduit les paroles telles qu'elles ont été dites.

A l'écrit, après le verbe qui les introduit, on utilise :
— les deux points
— les guillemets ou le tiret (plaçant ainsi les paroles sur la ligne suivante)

Il a dit : « Je n'ai pas faim ce matin ».
Elle répondit dans un souffle :
— Je te demande pardon.

Remarque

Le verbe introducteur suivi de son sujet peut être placé à l'intérieur des paroles rapportées ou après les paroles rapportées directement.

— Tu sais, lui dit Martin, je serai médecin, moi. (Cesbron)
— Je m'en vais, dit Madame Dubois.

Le discours indirect

Le discours indirect reproduit les paroles en les transposant dans une subordonnée.

Après le verbe qui les introduit, on utilise une complétive dans laquelle le temps et le mode du verbe, les marques de personne, de temps et de lieu, notamment, doivent être adaptés.

Elle disait que le lendemain elle irait chez le dentiste.
(Elle disait : « Demain, j'irai chez le dentiste ».)
Parrain lui demanda laborieusement s'il allait bien, s'il travaillait bien et s'il était bien sage. (Cesbron)

Remarque

Le discours indirect libre reproduit les paroles de quelqu'un en les transposant (adaptation de temps, de mode, de personne,...) sans utiliser de verbe introducteur et, par conséquent, sans employer de complétive.

L'emploi des temps et des modes

EMPLOI DES TEMPS

Les temps de l'indicatif

Le présent

— indique un fait qui a lieu au moment de la parole,
Je lis un livre.

— actualise un fait passé (présent historique) ou futur,
Hier, il rate une marche et se casse le bras droit.
Je reviens dans une heure.

— généralise un fait ou une vérité.
La baleine est un mammifère.

Remarque

Avec **si**, le présent indique un fait futur.
Si tu viens la semaine prochaine, je serai là.

Le passé composé

— indique un fait achevé qui est encore en relation avec le moment de la parole, soit dans le temps, soit par intérêt,

J'ai appris la nouvelle ce matin.
Qui a gagné le tour de France ?

— présente les événements, surtout dans les récits oraux.

Elle a tout vu de sa fenêtre. Elle a aussi entendu deux coups de feu.

Remarque
Avec **si**, le passé composé indique un fait achevé dans le futur.

S'il a fini, il ira chez toi.

Le passé simple

— indique un fait passé formant un tout, avec un début et une fin bien marqués.

Elle partit de bonne heure.

— présente les événements passés mis en relief, dans les récits écrits.

Il salua militairement et se découvrit. (Vercors)

Le passé antérieur

— indique, à l'écrit, un fait passé par rapport à un autre fait, lui aussi passé.

Après qu'il eut mangé, il s'endormit.

Remarques
1) A l'oral, on utilise le passé surcomposé.

Quand j'ai eu mangé, je suis parti.

2) A l'écrit, il ne faut pas confondre les formes verbales du subjonctif plus-que-parfait avec celles de l'indicatif passé antérieur.

Avant qu'il eût mangé,... (subj.)
Après qu'il eut mangé,... (indic.)

L'imparfait

— indique un fait passé sans en préciser ni le début ni la fin.

Elle partait à l'aventure.

— atténue un fait présent (en se plaçant dans le passé, on semble prendre du recul et marquer ainsi du respect à l'égard de l'interlocuteur).

Je venais vous demander un service.

— présente le décor ou des explications, dans les récits.

Un rideau protégeait la fenêtre. Une lampe à tulipe pendait au-dessus d'une étroit lit de cuivre. (Sabatier)

Remarques

1) L'imparfait, à cause de son imprécision, peut marquer la répétition ou l'habitude, l'inachèvement.

Tous les dimanches, il dînait au restaurant.
Encore cinq minutes et je te téléphonais.

2) Après **si**, l'imparfait indique un fait hypothétique présent ou futur.

Si tu venais demain, nous finirions ce travail.

Le plus-que-parfait

— indique, sans trop préciser, un fait passé antérieur à un autre fait passé.

Martin pleurait, comme au café quand le soldat avait allumé sa cigarette. (Cesbron)

— atténue un fait présent (en le plaçant dans le passé, par respect).

J'étais venu vous demander un service.

Remarque

Après **si**, le plus-que-parfait indique un fait irréel dans le passé.

Si vous étiez venu ce matin, vous m'auriez trouvée malheureuse comme les pierres. (R. Rolland)

Le futur simple

— indique un fait qui aura lieu après le moment de la parole.

Il vous écrira.

— atténue un fait présent (en se plaçant dans le futur, on semble indiquer, par politesse, qu'on est encore au stade de l'intention).

Vous me permettrez de dire mon étonnement.
Ce sera tout ?

— exprime un ordre qui devra être exécuté dans le futur.

Tu iras ouvrir la porte.

Remarque

Le **futur immédiat** n'est pas un temps. C'est une forme verbale composée d'un auxiliaire conjugué à l'un des temps simples suivi d'un infinitif.

Il allait lire. Il va lire.

Le futur antérieur

— indique un fait futur antérieur à un autre fait futur.

Il lira ce qu'il aura écrit.

Remarque

Le futur antérieur peut aussi être utilisé pour exprimer une atténuation, une supposition, un sentiment en plaçant dans le futur un fait passé.

Elle aura sans doute perdu ses clés...

Le conditionnel présent

— indique un futur du passé (un fait futur dans un moment passé).

Elle a dit qu'elle viendrait.

— présente, dans le présent ou dans le futur, un fait imaginaire ou improbable

Les jeunes pourraient prendre leurs vélos...
Si tu nous accompagnais, ce serait bien.
Tu serais le gendarme et moi le voleur.

Remarques

1) Le conditionnel présent peut aussi être utilisé à la place d'un présent ou d'un futur, dans un contexte marquant une atténuation, un conseil poli.

Je voudrais votre avis.
Tu devrais étudier !

2) **Le conditionnel présent de savoir** est utilisé à la place de **pouvoir**, surtout dans une phrase négative.

Je ne saurais m'y résoudre.

Le conditionnel passé

— indique un futur antérieur du passé (un fait futur, antérieur à un autre, dans un moment du passé)

Tous pensaient qu'il aurait écrit avant son retour.

— présente un fait imaginaire dans un moment du passé.

Les jeunes auraient pu nous attendre.
Si tu avais été là, nous aurions gagné.

Remarques

1) Le conditionnel passé est remplacé, dans la langue littéraire, par le subjonctif plus-que-parfait.

Rodrigue, qui l'eût cru ? (Corneille)

2) A l'écrit, il ne faut pas confondre les formes verbales du subjonctif plus-que-parfait avec celles de l'indicatif passé antérieur.

Qui l'eût dit ? (subj.)
Il l'eut dit... (indic.)

Les temps de l'impératif

L'impératif présent

— présente un ordre, un souhait, un désir qui concerne le moment de la parole ou le futur.
Entrez. Revenez le mois prochain.

L'impératif passé

— présente un ordre, un souhait, un désir qui concerne un fait achevé par rapport à un moment futur.
Ayez rédigé la lettre avant mon retour.

Les temps du subjonctif

L'usage du **subjonctif présent,** du **subjonctif passé,** du **subjonctif imparfait,** du **subjonctif plus-que-parfait** suit les règles de la concordance des temps.

Remarque

A l'oral, le subjonctif présent, le subjonctif passé et le subjonctif passé surcomposé sont d'un emploi fréquent.
Il faut qu'il traduise.
Il faut qu'il ait traduit avant ce soir.
J'ai corrigé avant qu'il ait eu tout traduit.

EMPLOI DES MODES

L'indicatif

— L'**indicatif** s'emploie pour marquer que l'émetteur s'engage sur la réalité des faits.
Galilée confirma ce que disait Copernic : le soleil est le centre des planètes.

— L'**indicatif** s'emploie aussi par obligation grammaticale, par exemple :

— après **si** (jamais suivi du conditionnel)
Si tu vas à Paris, visite le Louvre.
Si j'avais su, je ne serais pas parti.

— après **que**
Il ira jouer après qu'il aura étudié.

Le subjonctif

Le **subjonctif** s'emploie pour marquer que l'émetteur ne s'engage pas sur la réalité des faits.
Mon désir est qu'il vienne me voir.

Le **subjonctif** s'emploie dans la phrase à un seul verbe conjugué

— pour marquer un ordre, un souhait, une défense, une crainte, un regret,..., à la 3e personne du singulier
Qu'il vienne aujourd'hui !
Qu'elles partent donc...

— pour marquer une supposition, une possibilité, une hypothèse rejetée
Que je lui dise bonjour, moi... ?

— dans un certain nombre d'anciennes expressions comme

Le diable l'emporte ! Dieu vous garde ! Ainsi soit-il ! Soit ! Vogue la galère ! Puisse-t-il se rétablir ! Plaise au ciel ! (Plût au ciel...)
Vive(nt) les vacances !

— dans l'expression indiquant une affirmation atténuée.

Je ne sache pas qu'il ait voyagé.

Le **subjonctif** s'emploie dans la surbordonnée

— après un verbe exprimant un ordre, un souhait, un regret, une défense, un empêchement *(demander, regretter, souhaiter, vouloir,...)*

Il souhaite que tu passes le voir.

— après un verbe exprimant un doute, une négation *(douter, nier)*

Je doute qu'il ait étudié.

— après un verbe exprimant une opinion, accompagné d'une négation *(ne pas croire, ne pas dire, ne pas espérer)*

Je ne crois pas qu'il ait menti.

— après un verbe impersonnel (*il faut, il importe, il est dommage, il est nécessaire, il est possible,...)*

Il faut qu'elle fasse attention.

— après un verbe qui est déjà au subjonctif

Quel que soit le titre que nous ayons...

— après **que** introduisant une subordonnée placée en tête de phrase

Qu'elle vienne me voir ne m'étonnerait pas.

— dans une relative placée dans une phrase interrogative ou négative

Connais-tu quelqu'un qui puisse traduire ?

— dans une relative placée après **le premier, le dernier** ou **le plus, le moins, le meilleur, le mieux**

C'est le meilleur chien que vous puissiez acheter.

— dans une relative pour marquer une atténuation, un non-engagement

Il cherche une personne qui puisse traduire.

— après **avant que, en attendant que, jusqu'à ce que** (indiquant le temps)

Elle est partie avant qu'il ne pleuve.

— après **non que, non pas que, ce n'est pas que** (indiquant la cause)

Ce n'est pas que le projet soit déplaisant, mais il est irréaliste.

— après **assez pour que, trop pour que, trop peu pour que, suffisamment pour que** (indiquant la conséquence)

Elle a suffisamment d'expérience pour qu'on ait songé à lui confier ce travail.

— après **afin que, de crainte que, de peur que** (indiquant le but)

Elle a écrit afin qu'ils viennent en août.

— après **bien que, encore que, malgré que, quelque ... que, quoique, si ... que, aussi ... que, tout ... que** (indiquant l'opposition)

Ils partiront à l'étranger bien qu'ils aient acheté une maison ici.

— après **à (la) condition que, à moins que, à supposer que, supposé que, au lieu que, en admettant que, pour autant que, pour peu que, pourvu que, soit que** (indiquant la condition)

En admettant qu'il fasse beau, quand partirez-vous ?

Remarques

1) Après **ne pas croire, ne pas dire,...** pour indiquer seulement la réalité des faits, on emploie l'indicatif.

Tu ne crois pas qu'il a plu ?

2) **De façon que, de manière que, de sorte que, en sorte que, de telle sorte que,** indiquant une conséquence, sont suivis de l'*indicatif* ; indiquant un but, ils sont suivis du *subjonctif*

Il l'a attendu de façon que vous puissiez rentrer ensemble.

L'impératif

— L'**impératif** s'emploie pour marquer un ordre, un souhait, un désir à la 2e personne du singulier et à la 1re et à la 2e personne du pluriel.

Donne. Donnons. Donnez.
Vois. Voyons. Voyez.
Va. Allons. Allez.

Remarques

1) Pour exprimer un ordre, un souhait, un désir à la 3e personne du singulier ou du pluriel, on emploie le subjonctif.

Qu'elle fasse donc attention.

2) Sans marque de personne, on emploie aussi l'infinitif.

Entrer.
Déposer ici vos bouteilles consignées.

L'infinitif

— L'**infinitif** s'emploie **dans la phrase à un seul verbe sans sujet exprimé**

— pour marquer une interrogation ou une exclamation

Où courir ? Où ne pas courir ? (Molière)
Lui dire bonjour, moi !

— pour marquer un ordre ou une défense

Étendre la crème sur la peau.
Ne pas administrer aux enfants.

— pour marquer la vivacité dans une narration (après **et**)

Et flatteurs d'applaudir. (La Fontaine)

L'**infinitif** s'emploie **dans la phrase à plusieurs verbes sans sujet exprimé** (le sujet du verbe à l'infinitif est identique à celui du verbe conjugué)

— après des verbes de mouvement *(aller, entrer, partir, sortir, venir,...)*

Elle part cueillir des champignons.
Elle vient voir les photos.

— après des verbes d'opinion *(avouer, croire, déclarer, désirer, espérer, ignorer, penser, savoir, vouloir,...)*

Elle avoue partager la même opinion.
Il ignorait posséder tant de cartes postales.

— après un verbe impersonnel *(il faut, il convient, il est utile,...)*

Il est inutile d'insister.
C'est facile à faire.

L'**infinitif** s'emploie dans la phrase à plusieurs verbes **avec sujet exprimé** (le sujet du verbe à l'infinitif est différent de celui du verbe conjugué)

— après des verbes de mouvement *(conduire, envoyer, mener,...)*
Il envoie les enfants jouer dehors.

— après des verbes de perception *(écouter, entendre, regarder, sentir, voir,...)*
On écoute volontiers parler cet historien.
On le voit souvent passer en moto.

— après **voici**
Voici venir le printemps. (Académie)

— après **faire** et **laisser**
On l'a fait changer de place.
On l'a laissé terminer son explication.

Le participe

Le **participe** est la forme adjectivale du verbe ; il ne donne aucune indication de personne.
L'avion prévu. Elle a ri.
Rentrant de vacances, il a constaté les dégâts

CONCORDANCE DES TEMPS

Dans une phrase qui contient une subordonnée, il y a une correspondance entre les temps des verbes.

Il croit que tu chanteras.
(maintenant) (après : fait postérieur)

Il veut qu'elle choisisse.
(maintenant) (maintenant : fait simultané)
(après : fait postérieur)

Subordonnée à l'indicatif

Le verbe de la surbordonnée à l'**indicatif**	indique un fait	par rapport au verbe principal au
présent	simultané	présent ou futur
futur simple	postérieur	
imparfait plus-que-parfait passé simple passé antérieur passé composé	antérieur	
imparfait	simultané	passé
futur du passé (mêmes formes que celles du conditionne)	postérieur	
plus-que-parfait	antérieur	

Il croit/croira que tu chantes.
que tu chanteras.
que tu chantais.
que tu avais chanté.
que tu as chanté.
...

Il croyait/a cru que tu chantais.
que tu chanterais.
que tu avais chanté.

Subordonnée au subjonctif

Le verbe de la subordonnée au **subjonctif**	indique un fait	par rapport au verbe principal au
présent	simultané ou postérieur	présent ou futur
passé	antérieur	
présent (imparfait, dans la langue soignée)	simultané ou postérieur	passé
passé (plus-que-parfait, dans la langue soignée)	antérieur	

Il veut/voudra qu'elle choisisse.
qu'elle ait choisi.

Il voulait/a voulu qu'elle choisisse. (qu'elle choisît)
qu'elle ait choisi. (qu'elle eût choisi)

Remarques

1) Après un verbe au présent, on emploie aussi le conditionnel présent ou le conditionnel passé.
Il pense qu'elle arriverait en retard.
Il pense qu'elle serait arrivée en retard.

2) Après un verbe au passé, on emploie aussi l'indicatif présent ; on rencontre également l'indicatif passé simple, passé composé, futur simple, futur antérieur.
Copernic a expliqué que la terre tourne autour du soleil.
Elle a dit que Van Gogh a aussi séjourné dans le Borinage !

MARQUES D'ÉCRITURE

Alphabet

L'alphabet comporte vingt-six lettres que l'on trace sous la forme de dessins minuscules ou majuscules

— **minuscules :**
a, b, c, d, e, f, g, h, i, j, k, l, m,
n, o, p, q, r, s, t, u, v, w, x, y, z

— **majuscules :**
A, B, C, D, E, F, G, H, I, J, K, L, M,
N, O, P, Q, R, S, T, U, V, W, X, Y, Z

Remarques

1) On distingue
— six **voyelles**
a, e, i, o, u, y
— vingt **consonnes**
b, c, d, f, g, h, j, k, l, m, n, p, q, r, s, t, v, w, x, z

2) Comme l'écriture des mots français ne reproduit pas toujours ce qu'on prononce, il faut noter la présence de certains signes orthographiques comme les accents (aigu, grave, circonflexe), le tréma, la cédille.

Majuscules

On écrit une majuscule

— **au premier mot d'une phrase**

Aucun vainqueur ne croit à la chance.
A bientôt peut-être. Merci.

— **au premier mot d'une phrase citée ou** (après un tiret) **d'une phrase de dialogue**

Comme chaque soir il dit : « Je vous souhaite une bonne nuit. » (Vercors)
Il paraît que vous êtes malade ?
Une légère grippe. (Simenon)

— **au premier mot de chaque vers classique**

Garde-toi tant que tu vivras
De juger les gens sur la mine.
(La Fontaine)

— **au premier mot dans les titres d'œuvres**

Le lion (Kessel)
Les quatre saisons (Vivaldi)

— **aux noms propres de personnes**

- **noms et prénoms familiaux**

Tryphon Tournesol, Jean-Baptiste Poquelin (dit Molière*).*

– **nationalités et races**
les Belges, les Blancs, les Noirs.

– **titres et fonctions**
Madame le Professeur,
Monsieur l'Abbé. Votre Majesté.

– **dynasties**
les Carolingiens

– **divinités**
Allah, Dieu, Jupiter

— **aux noms propres géographiques**

– **astres et planètes**
Mars, Vénus, le signe des Gémeaux

– **régions**
l'Europe, la Belgique, les Ardennes, la mer Morte

– et **points cardinaux désignant une région**
dans le Midi, dans le Grand Nord, la mer du Nord

– **bâtiments publics**
l'Institut technique, la Poste

– **avions, bateaux, autos, motos**
le Concorde, le France, la Golf, une Kawasaki

— **aux noms propres des périodes historiques**
le Moyen Age, les Temps Modernes

— **aux noms des associations et des sociétés**
l'Académie, l'Union sportive, l'Église, la Croix-Rouge

— **à l'adjectif** ***saint*** (suivi d'un trait d'union) **désignant avec le nom qui suit un lieu ou une fête**
place Saint-Pierre, rue Saint-Nicolas, à la Saint-Jean

— **à certaines abréviations**
l'O.T.A.N., P.-S., N.B., J.-J. (Rousseau)

— **à certains sigles**
l'Unesco

On écrit sans majuscule

— **les noms des jours, des mois, des saisons**
le mardi, en mars, le printemps

— **les noms des points cardinaux employés géographiquement**
à l'est de Genève, le cap au sud

— **les noms des religions ou des ordres religieux**
le christianisme, l'islamisme, le judaïsme, le protestantisme, les franciscains,...

— **les adjectifs de nationalité**
le franc français, le couteau suisse, un produit belge

— **l'adjectif** *saint* (non suivi d'un trait d'union) **désignant avec le nom qui suit la personne même**
La fête de saint Jean.
C'est Hérode qui fit décapiter saint Jean.

Abréviations

L'abréviation permet d'écrire un mot en le réduisant à une ou à plusieurs lettres.

1. Si l'on écrit une ou plusieurs lettres initiales, on place un point.

2. Si l'on écrit les lettres initiales et finales, on ne place pas de point.

Liste des abréviations les plus courantes

S.A.R.	Son Altesse Royale
av.	Avenue
B.D.	Bande dessinée
C.D.	Corps diplomatique
cf. (cfr)	Confer
D^{r}	Docteur
etc.	Et caetera
ex.	Exemple
id.	Idem (le même)
ibid.	Ibidem (au même endroit)
J.-C.	Jésus-Christ
M. (Mr)	Monsieur
Mgr	Monseigneur
MM.	Messieurs
Mme **(Mme)**	Madame
Melle **(Melle)**	Mademoiselle
N°	Numéro

N.B.	Nota bene (notez bien)
P.C.	Poste de commandement
P.C.V.	(prix d'une communication téléphonique) à **p**er**c**e**v**oir
P.M.E.	Petites et moyennes entreprises
P.N.B.	Produit national brut
p.o.	Par ordre
P.-V.	Procès-verbal (contravention)
P.-S.	Post-scriptum
Q.G.	Quartier général
R.S.V.P.	Répondez, s'il vous plaît
T.S.V.P.	Tournez, s'il vous plaît
S^{t}, **S**^{te}	Saint, sainte
S.M.	Sa Majesté
S.J.	Société de Jésus (Jésuites)
S.E. (S.Exc.)	Son Excellence
S.P.R.L.	Société de personnes à responsabilité limitée
S.A.	Société anonyme
V.D.Q.S.	Vin délimité de qualité supérieure
Vve	Veuve

Remarques

1) On écrit sans point les abréviations de mesure.
m (mètre)
cm (centimètre)
mm (millimètre)
kWh (kilowattheures)
Kmh (ou *Km/h*) (kilomètres-heure)
kg (kilogramme)

2) On écrit sans point et avec majuscule les unités monétaires.
F (franc)
FB (franc belge)
FF (franc français)
FS (franc suisse)

3) L'abréviation est parfois sentie comme un mot qu'on écrit alors sans utiliser de points.

la FM (fréquence modulée)
la TV (télévision)
un ovni (objet volant non identifié)
l'URSS (union des républiques socialistes soviétiques)

4) Par convention, surtout pour représenter des réalités scientifiques, on emploie d'autres signes que les lettres : **des symboles.**

Symboles	**Réalités représentées**
§	paragraphe
<, >	plus petit que, plus grand que
$	dollar
+	plus (addition)
–	moins (soustraction)
.	fois (multiplication)
:	divisé (division)

a) Les différentes parties d'un nombre sont séparées par des intervalles.

15 250 000
75 840
3 521

b) La partie décimale d'un nombre est séparée de la partie entière par une virgule. Les ordinateurs emploient le point.

75,25 F *45.01*

c) Les chiffres (romains ou arabes) sont des symboles :

I	1	XIV	14	XC	90
II	2	XV	15	C	100
III	3	XVI	16	CC	200
IV	4	XVII	17	CCC	300
V	5	XVIII	18	CD	400
VI	6	XIX	19	D	500
VII	7	XX	20	DC	600
VIII	8	XXX	30	DCC	700
IX	9	XL	40	DCCC	800
X	10	L	50	CM	900
XI	11	LX	60	M	1000
XII	12	LXX	70		
XIII	13	LXXX	80		

Accents

L'accent aigu (´)

Sur la voyelle **e** (é)
élevé, René

L'accent grave (`)

Sur la voyelle **e** (è)
j'achète, mère, progrès

Sur la voyelle **a** (à)
deçà, déjà, delà, holà, voilà, çà, là

Sur les voyelles **a, e, u** pour distinguer les homonymes

a	(verbe)	*à*	(préposition)
ça	(pronom)	*çà*	(adverbe)
des	(déterminant)	*dès*	(préposition)
esse	(nom) *es* (verbe)	*ès*	(préposition) *Docteur ès sciences*
la	(déterminant)	*là*	(adverbe)
ou	(conjonction	*où*	(pronom)

L'accent circonflexe (ˆ)

Sur les voyelles **a, e, i, o, u** pour indiquer la disparition d'une lettre

bâtir, forêt, abîme, nôtre, dû, sûr, piqûre, vous êtes, en août

Sur la voyelle **i** des verbes en **-aître** et **-oître** chaque fois que ce **i** se trouve devant un **t**

il paraît, il croîtra

Pour distinguer **croire / croître**

crû

Sur le **i** de **il plaît, il déplaît, il gît**

S'il vous plaît

Sur les voyelles **a, i, u** aux 1re et 2e personnes du pluriel à l'indicatif passé simple et à la 3e personne du singulier au subjonctif imparfait

nous partageâmes, nous partîmes, vous dûtes,
qu'il partageât, qu'il partît, qú'il dût

Sur la voyelle **a** pour les adjectifs en **-âtre**

acariâtre, jaunâtre, rougeâtre

Remarque

On écrit	mais on écrira
cône	*conique*
crû	*cru*
diplôme	*diplomate*
dû	*due, indue*
extrême	*extrémité*
fût	*futaie, il fut*
jeûne	*jeune, déjeuner*
grâce	*gracieux*
mûr	*mur*
le nôtre	*notre*
pôle	*polaire*
sûr, sûreté	*assurer*
...	...

Tréma

Lorsque deux voyelles se suivent, pour indiquer la voyelle qui se prononce, on écrit un tréma (¨)

— sur **e**

Noël, Israël, aiguë, ambiguë

— sur **i**

un aïeul, une faïence

Remarque
Cf. Modifications orthographiques acceptées par l'Académie française en 1975 : un tréma sur le **u** permettra de prononcer correctement

aigüe, ambigüe, argüer,...

Cédille

C avec cédille
— devant **a, o, u** prononcé [s]

çà, çà, elle reçoit
nous commençons, un reçu

Trait d'union

Le trait d'union permet de lier des mots ou des parties de mots.

On emploie le trait d'union

— à la fin d'une ligne d'écriture pour couper un mot trop long
Initiation pratique aux nouveaux langages des ordina-teurs.

— dans les noms propres composés (famille, commune,...)
Jean-Joseph, Marie-Cécile, Dupond-Dupont, Neuilly-sur-Seine

— dans les noms composés avec **saint** désignant un lieu ou une date
rue Sainte-Barbe, à la Saint-Jean

— dans les noms composés avec **non**
un non-sens, la non-prolifération du nucléaire

— dans les noms composés avec **arrière, avant, contre, demi, grand, mi, nu, sous, vice**
une arrière-cuisine, l'avant-veille, le contre-pied, une demi-heure, pas grand-chose, à mi-voix, être nu-pieds, un sous-titre, le vice-président

— dans certains noms composés (voir dictionnaire)
un porte-clefs (clés), un(e) après-midi, un rez-de-chaussée

— dans les pronoms composés avec **même**
elle-même, nous-même(s)

— dans les mots composés avec **ci** et **là**
ces vacances-ci, cette année-là, celle-ci, ceux-là

— dans les adjectifs composés
un accord franco-belge

— dans les nombres composés en dessous de cent, sauf s'ils sont unis par **et**
vingt-deux, quatre-vingt-quatre

— dans des locutions comme **c'est-à-dire, peut-être**
Il viendra peut-être.

— dans les locutions composées de **au** ou de **par**
par-dessus, au-delà

— entre le verbe à l'impératif et les pronoms qui suivent
Prends-en. Apporte-le-moi. Vas-y.

— entre le verbe et le pronom de conjugaison qui suit (sujet inversé)
Les parents liront-ils cette feuille ?
« Lisez-vous ? » demandèrent-elles.
Prend-elle le temps de lire ?

— avant et après le **t** intercalé entre le verbe et le pronom **il, elle, on**
Arrivera-t-on à temps ?
A quelle heure y a-t-il un train ?

— pour séparer les syllabes d'un mot sur lequel on veut insister
Re-mar-qua-ble !

Apostrophe

L'apostrophe marque l'élision.

L'élision est la suppression de la voyelle finale d'un mot devant la voyelle initiale ou le h muet initial du mot suivant.

On élide dans

— **le, la**
l'été, l'hiver, il l'aime, tu l'oublies, l'h muet (ou le h muet).

— **me, ne**
il m'aperçoit, elle n'a rien, il n'en a pas

— **se, te**
elle s'assied, il t'observe, va-t'en

— **je, ce**
j'arrive, j'en parlerai, c'est bien

— **que**
qu'il vienne, pendant qu'elle parlait
Ce n'est qu'hier qu'elle est arrivée.

— **lorsque**
lorsqu'il nettoiera,...

— **puisque**
puisqu'en semaine nous étudions,...

— **quoique**
quoiqu'il ait raison,...

— **de**
le cristal d'Arques, le lis d'un jour

— **jusque**
jusqu'ici, jusqu'où aller, jusqu'en France

— **si** (suivi de **il(s)**)
s'ils veulent bien, s'il pleut

— **presque** (uniquement dans)
une presqu'île

— **quelque** (uniquement dans)
quelqu'un

Remarques

1) Le h n'est pas muet, mais aspiré dans les mots suivants :

ha !
hâbler
hache
hagard
haie
haillon
haine
haïr
halage
hâle
haler
haleter
hall
halle
hallebarde
hallier
halte
hamac
hameau
hampe
hamster
hanche
hand-ball
handicap
hangar
hanneton
hanter
happer
hara-kiri
harangue
haras
harasser
harceler
harde(s)
hardi
harem
hareng
hargneux
haricot
haridelle
harnais
harpe
harpon
hart
hasard
haschich
hase
hâte
hauban
haubert
hausse
haut
hautain
hautbois
havane
havre
havresac
hé !
hein !
héler
hem !
hennir
hère
hérisser
hernie
héron
héros
herse
hêtre
heurt
hi !
hibou
hic !
hideux
hiérarchie
hisser
ho !
hocher
hockey
holà !
homard
home
hongre
honte
hop !
hoquet
horde
horion
hors
hotte
hou !
houblon
houe
houille
houle
houlette
houppe
houppelande
hourra !
houspiller
houx
hublot
huche
hue !
huis clos
huit
hulotte
humer
hune
huppe
hure
hurler
hussard
hutte

2) On n'élide pas la voyelle des pronoms ***la, le*** quand ceux-ci sont liés au verbe par un trait d'union
Donne-la ici. Dis-la en anglais. Laissez-le écrire.

3) On n'élide pas la voyelle du pronom *ce* quand celui-ci est lié au verbe par un trait d'union.
Est-ce ainsi ?

4) On écrira ***jusqu'à hier, jusqu'à Paris, jusqu'à quand*** (anciennement *jusques à quand*) ; mais on écrira *jusque-là*

Entre ne s'élide que dans *(s')entr'aimer, (s')entr'apercevoir, s'entr'appeler, s'entr'égorger.*
On écrit *un entracte, une entraide, s'entraider, entrouvrir,...*

Ponctuation

La ponctuation marque la limite entre les phrases, les mots ou les groupes de mots.

Le point (.) marque la fin d'une phrase ou la fin d'une abréviation

Oui.
Les enfants dorment. Etc.

Le point d'interrogation (?) marque la fin d'une phrase interrogative

Que dit-elle ?
Est-ce que vous venez ?
Non ?

Le point d'exclamation (!) marque l'exclamation (étonnement, joie, peur, espoir,...) après un mot, un groupe ou une phrase

Ho !
C'est possible !

Les points de suspension (...) indiquent une interruption, un inachèvement, une emphase ou un passage de texte non repris

J'aime surtout Mozart...
Le petit prince (...) aima cet allumeur. (Saint-Exupéry)

La virgule (,) sépare les mots, les groupes ou les phrases de même fonction (qui ne sont pas unis par *et, ou, ni*)

On a échangé des livres, des disques, des mini-cassettes.

— sépare les éléments déplacés dans la phrase (qui ne sont pas suivis d'une inversion du sujet)

Avant le déjeuner, Anne lit le journal.

— sépare les mots mis en apostrophe

Jean, va chercher du bois.

— sépare les formes verbales comme *dis-je, dit-il,...* du reste de la phrase

Jean, disait-il, va chercher du bois.

Le point-virgule (;) sépare deux parties assez longues dans une phrase, sépare deux parties de phrase quand l'une est déjà séparée par une virgule

Le serpent ne se dérobait pas, il prenait goût à je ne sais quel jeu ; il avalait lentement le roseau. (C. Laye)

Les deux points (:) annoncent une conclusion, une explication se placent avant les guillemets

Le ruisseau, nous l'avions : c'était le petit rio des prés. (J. Giono)

Elle dit : « Viens. »

Les parenthèses (()) permettent d'intercaler une remarque ou une observation dans une phrase

Il n'y a qu'un fleuve jaune (je ne sais toujours pas où il est).

Les crochets ([]) peuvent parfois remplacer les parenthèses

Elle [ma sœur] lit le journal.

Les guillemets (« ») encadrent une citation, un mot étrange ou étranger, les paroles rapportées (discours direct)

J'en ai encore « attrapé » un.

Il ajouta : « Bonjour, monsieur. »

Le tiret (—) indique le changement d'interlocuteur dans un dialogue, peut remplacer les parenthèses

Poil de Carotte leur crie :
— *Taisez-vous donc !* (J. Renard)

L'astérisque (*) indique un renvoi, remplace un nom que l'on ne désire pas citer

La séance s'est tenue à huis-clos.*
*Mademoiselle B****

L'alinéa indique les divisions d'un texte en commençant une ligne d'écriture un peu en retrait vers la droite (pour un début de paragraphe ou une réplique)

Mathieu m'a dit, un jour :
— *J'aurais plaisir à composer aussi des fables, des fables de mon jardin. Malheureusement, je n'ai pas de jardin.* (G. Duhamel)

LISTE DES PRINCIPALES CONFUSIONS HOMONYMIQUES

a	as	à
(verbe) = avait	(verbe) = vous avez	(préposition)

Elle a réparé la télé.
(avait)
C'est toi qui as gagné.
(vous ... avez)
Elle va à la mer.

bien tôt	bientôt
(deux adverbes) = bien tard	(adverbe)

Il rentre bien tôt aujourd'hui.
(bien tard)
Elle vient bientôt ? A bientôt.

ça	çà
(pronom) = cela	(adverbe) = ici

Est-ce que ça va ? Regarde ça ! Ca alors !
(cela) (cela)(cela)
Cherche çà et là.
(ici)

ce	ce,c'	se,s'
(déterm.) =...+−là	(pronom) = cela	(pronom)

Ce film est trop long.
(Ce film-là)
C'est possible. Ce n'est pas possible.
(Cela) (Cela)
Ils se sont écrit. Elle s'est trompée.

ces	ses
(déterm.) =...+−là	(détermin.) = son, sa

Achète ces crayons.
(ces crayons-là)
Demande-lui ses crayons.
(son)

c'est	s'est
(pron. + verbe) = cela est	(pron. + verbe)

Il trouve que c'est difficile.
(cela est)
Il s'est cassé la jambe.

dans	d'en
(prépos.) = devant,...	(prépos. + pronom)

Elle se promène dans le parc.
(devant)
Elle vient d'en sortir.

davantage	d'avantage
(adverbe) = plus	(prépos. + nom)

Ils ont davantage de loisirs.
(plus)
Ils n'ont pas d'avantage à courir.

la (dét. ou pronom)	**l'a(s)** (pronom+avoir) = les a(s)	**là** (adverbe) = ici

Il a la clé. Il la met en poche.
Il l'a mise en place. Tu l'as prise ?
(les a) (les as)
Il est là ?
(ici)

leur (pronom) = lui	**leur(s)** (détermin.) = le, la, les

Elle leur a expliqué le jeu.
(lui)
Elles rangent leur chambre.
(la)

ma (détermin.) = une	**m'a(s)** (pronom+avoir) = nous a(s)

Ils ont reçu ma lettre.
(une)
Il m'a envoyé une lettre. Tu m'as fait rire.
(nous a) (nous as)

même (adverbe) = aussi	**même (s)** (pronom ou adj.)

Les enfants même ont dû se taire.
(aussi)
Les mêmes enfants ont pleuré. Eux-mêmes n'ont rien vu.

mon	**m'ont**
(détermin.) = un(e)	(pronom+avoir) = nous ont

Elles ont utilisé mon téléphone.
(un)
Elles m'ont téléphoné hier.
(nous ont)

ni	**n'y**
(adv. de nég.) = pas	(adv.+pronom)

Tu n'as ni argent ni papiers.
(pas) (pas)
Tu n'y arriveras jamais.

ont	**on**	**on n'**
(verbe) = avaient	(pronom) = il, elle nous	(pronom+adv.) = il, elle n' nous n'

Ils disent qu'ils ont congé.
(avaient)
Ils disent qu'on aura congé.
(il, nous)
Ils disent qu'on n'a pas congé.
(il, nous n')

ou	**où**
(conj.) = ou bien	(pronom ou adv.)

Tu sais ou tu ne sais pas ?
(ou bien)
Je sais où ils habitent. Où allez-vous ?

parce que (conj.) = puisque	**par ce que** (prép.+pron.+pron.)

Rentre parce qu'il fait froid.
(puisqu')
Commence par ce que tu veux.

peut (verbe) = pouvait	**peux** (verbe) = pouvons pouvez	**peu** (adv.) = très

Ce garçon peut faire mieux.
(pouvait)
Je/tu peux faire mieux.
(pouvons/pouvez)
Ce garçon peu soigneux est parti.
(très)

peut être (verbe+être)	**peut-être** (adv.) = sans doute

Elle ne peut être loin.
Elle a peut-être raison.
(sans doute)

plus tôt (deux adv.) = plus tard	**plutôt** (adv.)

Venez plus tôt, on arrangera tout.
(plus tard)
Venez plutôt vers neuf heures.

quand	qu'en	quant (à)
(adv. ou conj.) = à quel moment ? lorsque	(conj.+pron./prép.)	(prép.) = pour ce qui est de

Quand partez-vous ? Il arrive quand elle part.
(A quel moment) (lorsque)
Il ne fait qu'en dire du bien. Il se fait qu'en mars il part.
Quant à vous, faites attention.
(pour ce qui est de)

qu'elle(s)	quel(s), quelle(s)
(conj./pr.rel.+pron.) = qu'il(s)	(dét. ou pronom)

Il dit qu'elle vient à moto.
(qu'il)
La moto qu'elle a est neuve.
(qu'il)
Quelle heure est-il ? Quel train prend-il ?

quelque	quelque(s)
(adv.) = environ	(détermin.)

Il y a quelque quarante ans.
(environ)
Il a eu quelques problèmes, il y a quelque temps.

quelque...que	quelque(s)...que	quel(s)/quelle(s) que
(adverbe) = si ... que	(déterminant) = n'importe quel(s)/quelle(s)	(adj. + être, devoir, pouvoir)

Quelque fâchées qu'elles soient, j'irai les voir.
(si ... qu')
Quelques bons arguments que vous ayez, je ne céderai pas.
(n'importe quels)
Quels que soient vos arguments, quelles que puissent être vos raisons,...

quelquefois	quelques fois
(adverbe) = parfois	(dét. + nom) = plusieurs fois

Il va quelquefois au restaurant.
(parfois)
Il nage quelques fois par semaine.
(plusieurs fois)

quoi que	quoique
(pron. rel.)	(conj.) = bien que

Quoi qu'il dise, elle ne changera pas d'avis.
Quoique ce livre coûte cher, elle l'a acheté.
(bien que)

sans	cent
(prép.) = avec	(numéral) = deux,...

Elle écrit sans faute.
(avec)
Elle souligne cent fautes.
(deux)

si	s'y
(adv./conj.) = tellement quand	(pron.+pron.)

Viens si tu veux. Elle a si froid.
(quand) (tellement)
Elle s'y prend bien.

son	sont
(dét.) = un(e)	(verbe) = étaient

Il range son armoire.
(une)
Les enfants sont bien arrivés.
(étaient)

ta	t'a
(dét.) = une	(pron. + verbe) = vous a

Elle a pris ta place.
(une)
Elle t'a pris une place.
(vous a)

tant	t'en
(adv.) = tellement	(pron. + pron.) = vous en

Il la regrotte tant.
(tellement)
Est-ce qu'il t'en a parlé ?
(vous a)

ton	t'ont
(dét.) = un(e)	(pron. + verbe) = vous ont

Il connaît ton nom ?
(un)
Les voisins t'ont appelé ?
(vous ont)

tout	**tout(s)**	**tout, tous, toutes**	**tout, toute, tous, toutes**
(adv.) = entièrement (varie devant un adj. fém. commençant par une consonne ou par un h aspiré)	(nom) = ensemble(s)	(pronom) = ceci, celui-ci, celle-ci, ceux-ci, celles-ci	(dét./adj.) = chaque, la totalité de(s) = entier, seul

Ils sont tout heureux. Elle est toute surprise.
(entièrement) (entièrement)
Un tout. Des touts.
(ensemble) (ensembles)
Tout est prêt. Tous, ils travaillent.
(ceci) (ceux-ci)
A tout instant. Tous les pays.
(chaque) (la totalité des)
Toute la journée. Pour toute réponse.
(entière) (seule)

Liste des modifications orthographiques

Acceptées par l'Académie française en 1975.

a) Normalisation de quelques formes graphiques (certains dérivés ou composés sont alignés sur le mot simple dont ils sont issus).

Bonhomie s'écrira désormais ***Bonhommie.***
Boursoufler, boursouflure : ***Boursouffler, boursoufflure.***
Chausse-trape : ***Chausse-trappe.***
Combatif, combativité : ***Combattif, combattivité.***
Cahute : ***Cahutte.***
Chariot : ***Charriot.***
Desiller : ***Déciller.***
Embatre : ***Embattre.***
Imbécillité : ***Imbécilité.***
Innomé : ***Innommé.***
Persifler, persiflage, persifleur : ***Persiffler, persifflage, persiffleur.***
Prud'homie : ***Prud'hommie.***
Sotie : ***Sottie.***
Vantail : ***Ventail.***
Relais : ***Relai.***
Appât n'aura plus qu'un seul pluriel : ***Appâts.***
On utilisera ***fond*** pour *fond* et *fonds* et ***tréfond*** pour *tréfonds.*
De même, ***cuisseau*** s'emploiera pour *cuisseau* et *cuissot.*
Levraut : ***Levreau.***
Oignon : ***Ognon.***
Encoignure : ***Encognure.***

b) Normalisation des formes graphiques des verbes en **-eler, -eter.**
— sur le modèle de **peler** (je pèle) :
je démantèle, je harcèle, je ruissèle.
— sur le modèle d'**acheter** (j'achète) :
je décollète, j'époussète, j'étiquète,...

c) Accentuation de **e**
Accentuation conforme à la prononciation généralement en usage dans
a) *affèterie, allègement, allègrement, empiètement, évènement, règlementaire, règlementairement, règlementation, règlementer.*
b) *asséner, bélître, bésicles, chébec, démiurge, gélinotte, phylloxéra, recépage, recépée, recéper, séneçon, sénescence, sénestre.*

d) Tréma sur la voyelle **(e, i, u)** qui doit être prononcée :
Aiguë s'écria ***Aigüe.***
Ambiguë, ambiguïté : ***Ambigüe, ambigüité.***
Ciguë : ***Cigüe.***
Exiguë, exiguïté : ***Exigüe, exigüité,*** etc.
Gageure : ***Gageüre.***
Arguer : ***Argüer.***
Mangeure : ***Mangeüre.***
Rongeure : ***Rongeüre.***
Vergeure : ***Vergeüre.***

Index

Achevé d'imprimer sur les presses de **Scorpion**,
à Verviers pour le compte des éditions **Marabout**.
D. septembre 1986/0099/131
ISBN 2-501-00837-5